디트리히 본회퍼
이 땅 에 서
그리스도인으로
설 수 있을까?

일러두기
이 책에 인용한 성경구절은 개정개역판을 사용했다.

이 땅에서 그리스도인으로 설 수 있을까?

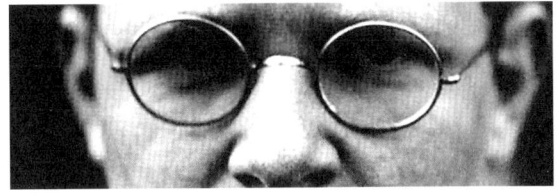

디트리히 본회퍼 지음 | 정현숙 엮음

좋은씨앗

Dietrich Bonhoeffer Werke
 DWB 10 1.Kor. 15, 17(9.4.1928)
 DWB 10 Mt. 5, 8(12.8.1928)
 DWB 10 1.Joh. 2, 17(26.8.1928)
 DWB 10 Ps. 62, 2(15.7.1928)
 DWB 10 Offbg. 3, 20(2.12.1928)
 DWB 10 1.Thessal. 5, 15-18(20.7.1930)
 DWB 10 1.Joh. 4, 16(9.11.1930)
 DWB 11 Luk. 16, 19-31(29.5.1932)
 DWB 12 Offbg. 2, 4.5.7.(6.11.1932)
 DWB 14 Mt. 18, 21-35(7.11.1935)
 DWB 15 Röm. 12, 17-21(23.1.1938)
 DWB 15 Röm. 5, 1-5(9.3.1938)

Original title: Dietrich Bonhoeffer Werke
Copyright © 1998 by Gütersloher Verlagshaus,
a division of Verlagsgruppe Random House GmbH, München, Germany.
All rights reserved.

This Korean translation edition © 2012 by GoodSeed Publishing Co., Seoul, Korea.

이 책의 한국어판 저작권은 Gütersloher Verlagshaus와 독점계약한 도서출판 좋은씨앗에 있습니다.
신저작권법에 의해 한국 내에서 보호를 받는 저작물이므로 무단전재와 복제를 금합니다.

청년 설교자
디트리히 본회퍼 목사가 말하는
'세상 속 진짜 크리스천'이란?

추천의 글

이 책은 디트리히 본회퍼가 22세부터 38세까지 행한 설교들 가운데 열두 편을 발췌한 묶음집입니다. 이 설교집은 1차 세계대전 직후 황폐해진 독일인들의 마음을 어루만지는 치유 메시지를 담고 있으며, 민족 간의 전쟁으로 찢어진 유럽과 미국인들 모두에게 적대감의 베일을 벗고 하나님 안에서 한 형제자매로 거듭나기 원하는 종말론적 비전도 담고 있습니다. 각각의 설교가 고전적인 형식의 주석을 시도하지 않지만 본문의 주제를 정확하게 포착해 내고 그것을 깊이 묵상한 후 청중의 삶의 자리에 상관시킵니다.

각 설교는 간략한 본문주제 묵상과 그 설교를 듣는 사람들이 처한 삶의 자리에 대한 분석, 그리고 문제 상황을 극복하고 돌파하는 데 유익한 하나님의 통찰과 지혜로 구성되어 있습니다. 전도사 시절의 목회지였던 스페인 바르셀로나와 독일 이민자 교회에서의 설교, 그리고 미국 유니언 신학대학원에서의 설교 등 설교의 범위는 독일적 관심을 훨씬 뛰어넘습니다. 특히 해외에서 행한 설교들은 그리스도의 통치 안에서 누리는 범세계적 형제애를 호소하는 청년 본회퍼의 맑고 고운 영성가락이 가슴 깊이 다가오는 설교들입니다. 나치가 등장한 이후에 행한 설교들은 서서히 유럽역사의 지평선 위로 떠오르는 어둠의 세력을 감지한 본회퍼의 영적 분투를 엿보게 해줍니다.

독자들은 이 책을 읽고 세 가지 면에서 감동을 받을 것입니다. 첫째, 청년 설교자 본회퍼의 비전과 열정을 감지할 수 있습니다. 물질주의, 쾌락주의 등 반(反)기독교적 문명 흐름에 대처하는 청년 목회자의 영적 감수성과 긴장감에 공감할 수 있습니다. 둘째, 이 땅의 구체적 현실맥락에서 기독교 신앙을 표방하며 그것을 살아 내기 원하는 성도들은 큰 용기와 도전을 받을 것입니다. 셋째, 현실 교회의 영광스러운 사명에 다시 눈뜰 수 있습니다. 이 설교집은 교회와 성도야말로 현실 문제에 깊이 뿌리를 박고 그것을 헤쳐 나가며 길 없는 길을 만들어 내는 거룩한 개척자들임을 확신시켜 줍니다. 짧지만 긴 감동을 남기는 주옥같은 설교를 읽는 성도들에게 청년의 패기와 기상이 깃들 것입니다.

김회권_ 숭실대 기독교학과 교수

우리에게 저항의 대명사로 알려진 본회퍼를 제대로 이해하기 위해서는 그의 설교와 만나야 한다. 인간에 대한 낙관론이 무너지고 나치즘의 광기가 사람들의 의식을 옥죄고 있을 때, 그는 진리와 자유를 위해 세상으로부터 미움받기를 주저하지 않았다. "가련하고 비참하며 고향을 잃어버린 우리 시대의 도움은 오직 하나, 그것은 다시 교회로 돌아오는 것"이라는 그의 말을 접하는 순간 전율이 느껴졌다. 오늘의 교회는 과연 그런 역할을 감당할 수 있을까? 군더더기 없이 명료한, 그리고 심부를 꿰뚫는 그의 혼의 외침 앞에서 자꾸만 자세를 가다듬지 않을 수 없었다.

김기석_ 청파교회 담임목사

역사 속에 흔적을 남길 수 있는 실천적 삶은 하나님의 진리에 기초할 때 가능하다. 본회퍼가 역사 속에 기억될 만한 족적을 남긴 이유는 그를 그렇게 걸어가게 한 진리에서 찾을 수 있다. 이 설교집은 본회퍼가 혼란스런 역사 속에서 자기 부인과 십자가의 길을 묵묵히 걸어갈 수 있었던 이유가 무엇인지를 분명히 보여 준다. 자기 자신과 기껏해야 자기 가족만을 위해 신앙생활을 시작하는 미숙아의 신앙을 넘어서서 타인을 위한 삶, 예수께서 가르치신 진정한 영성으로 나아가려는 이들에게 그의 설교들은 귀한 디딤돌이 되어 준다.

김형국_ 나들목교회 대표목사

이 책은 빛나게 타올랐다가 급하게 꺼진 불꽃같은 삶을 살았던 20세기의 대표적 신학자 디트리히 본회퍼의 설교 열두 편을 담고 있다. 이 책의 설교는 그가 20대 후반에서 30대 초반 시절, 그러니까 미국 생활에서 갓 돌아와 세계에 대한 의욕적 해석과 넓어진 안목으로 왕성한 활동을 하던 시기, 그리고 나치의 집권 전야와 직후의 불길한 징조를 온몸으로 맞닥뜨리던 격동기를 그 배경으로 하고 있다. 시대는 엄혹하였으나, 그의 설교 언어는 초연하고 명징하다. 그가 담담히 던지는 질문, "이 땅에서 그리스도인으로 설 수 있을까?"는 그 시절 못지않게 오늘 우리의 가슴에 울림이 크다. 한 편 한 편 곱씹어 본다.

양희송_ 청어람ARMC 대표

차례

추천의 글 / 6

1. 부활을 누릴 수 있을까? / 12
   고린도전서 15장 17절, 1928년 4월 8일, 부활절, 바르셀로나

2. 하나님 앞에서 잠잠할 수 있을까? / 24
   시편 62편 1절, 1928년 7월 15일, 바르셀로나

3. 하나님을 볼 수 있을까? / 38
   마태복음 5장 8절, 1928년 8월 12일, 바르셀로나

4. 영원을 위해 헌신할 수 있을까? / 50
   요한일서 2장 17절, 1928년 8월 26일, 바르셀로나

5. 소망을 품고 견딜 수 있을까? / 63
   요한계시록 3장 20절, 1928년 12월 2일, 바르셀로나

6. 그럼에도 항상 기뻐할 수 있을까? / 75
   데살로니가전서 5장 16-18절, 1930년 7월 20일, 텔토우

7. 하나됨의 코이노니아를 이룰 수 있을까? / 92
  요한일서 4장 16절, 1930년 11월 9일, 뉴욕

8. 가난한 자들 속에서 그리스도를 볼 수 있을까? / 105
  누가복음 16장 19-31절, 1932년 5월 29일, 베를린

9. 처음 사랑을 다시 가질 수 있을까? / 123
  요한계시록 2장 4-7절, 1932년 11월 6일, 종교개혁 기념 주일, 베를린

10. 아파도 끝까지 용서할 수 있을까? / 139
  마태복음 18장 21-35절, 1935년 11월 7일, 핑켄발데

11. 선으로 악을 갚을 수 있을까? / 152
  로마서 12장 17-21절, 1938년 1월 23일, 그로스 쉬뢴빗츠

12. 그 평화를 누리고 지켜 낼 수 있을까? / 168
  로마서 5장 1-5절, 1938년 3월 9일, 그로스 쉬뢴빗츠

원문 출처 / 181

첫 번째 메시지

부활을 누릴 수 있을까?

부활절은, 어두움이란 아무것도 아니며
죽음 역시 생명의 한 과정일 뿐이므로
결국에는 빛이 승리할 수밖에 없다는 식의,
빛과 어두움의 싸움에 관한 이야기가 아닙니다.

부활절은 겨울과 봄의 싸움이라든지
얼음과 태양의 싸움에 관한 이야기도 아닙니다.

부활절은 하나님의 숭고한 사랑에 대항해서 싸우는 죄인들,
더 나은 표현을 들자면, 죄 가운데 있는 인류를 향한
하나님의 숭고한 사랑의 싸움입니다.

성 금요일, 그 싸움에서 하나님은 패자가 된 것처럼 보입니다.

그러나 하나님은 패자가 되심으로,
아니 스스로 패자가 되는 길을 선택하심으로
부활절에 승리하셨습니다.

1928년 4월 8일, 부활절, 바르셀로나[*]

고린도전서 15장 17절

그리스도께서 다시 살아나신 일이 없으면 너희의 믿음도 헛되고 너희가 여전히 죄 가운데 있을 것이요.

부활절은 우리에게는 정말 기쁜 절기입니다. 그러나 오늘 본문 말씀은 너무나 위험하게 들립니다. 이 말씀은 우리에게서 부활절의 기쁨을 빼앗아 갈 요소를 다분히 담고 있기 때문입니다. 그러므로 기쁜 부활절에 이렇게 심각한 말씀을 전하는 것은 그다지 적절하지 않은 것처럼 보입니다.

기독교 절기 가운데서 우리를 심판대 앞에 세우고 분명한 결단을

---

[*] 본회퍼는 1927년 겨울에 스물 한 살의 나이로 1차 신학 고시에 합격했으며, 동시에 칼 바르트가 '신학의 기적'이라고 격찬했던 박사 학위 논문 〈성도의 교제, 교회 사회학에 대한 교의학적 연구〉(Sanctorum Communio)를 제출했다. 그후 1년 동안 스페인 바르셀로나에 가서 독일 교회 부목사 자격으로 섬기게 되는데, 이 책의 다섯 번째 설교까지가 그 당시 전한 설교다.

촉구하며 위협하는 절기가 무엇입니까? 진지하게 생각하면 할수록 우리를 두렵게 하고, 칼로 찌르는 듯 우리 마음을 아프게 하며, 기독교 존재 자체를 뿌리 채 흔들어 놓을 수 있는 것은 성탄절과 부활절 말씀입니다. 그러나 우리가 이런 말씀의 공격을 피하지 않고 당당히 맞서 똑바로 직시하기만 한다면, 우리는 승리자가 될 수 있으며 변화무쌍한 감정과는 완전히 다른 본질적인 부활의 기쁨을 누릴 수 있습니다.

그리스도께서 다시 살아나지 않으셨다면 우리의 믿음은 헛된 것이 됩니다. 다시 말해서, 우리는 여전히 하나님과 원수된 상태로 죄 가운데 있으며, 이 세상에서 가장 불쌍한 사람들로 살고 있을 것입니다. 그리스도께서 다시 살아나지 않으셨다면, 우리의 삶을 지탱해 오던 기반이 하루아침에 사라져 버리고 모든 것이 일시에 무너져 버리고 맙니다. 우리 인생도 무의미해집니다. 하나님에 관한 말들은 모두 허무한 것이 되며, 소망도 공허한 외침이 됩니다. 오늘 본문에서 사도 바울은 아주 중요한 문제가 부활 진리에 달려 있다고 주장합니다. 도대체 무슨 뜻입니까?

아득한 어린 시절부터 우리의 부활절은 다가오는 봄을 맞이하는 기쁨의 축제로 기억 속에 자리 잡고 있습니다. 마치 따스한 햇살이 마음을 비추듯, 많은 즐거운 기억들이 새록새록 솟아나는 행복의 절기입니다(독일에서 부활절은 성탄절과 더불어 온 가족이 함께 모여 선물을 주고받으며 기념하는 기독교 절기로 한국의 명절과 같다―옮긴이). 우리 중 누가 이 아름다운 봄을 단 한 번이라도 잃어버리고 싶겠습니까? 우리 중 누가 이 부활절에 자신의 전 인생이 걸려 있을 뿐 아니라, 만약 부활이 없다면 자신의 존재 자체가 위협받게 된다는 사실을 감히 말하고 싶어 하며 또 말할 수 있겠습니까? 그러나 사도 바울은 바로 그 말을 하고 있습니다. 사도 바울이 부활의 문제에 그토록 천착하는 이유가 있을 것이므로, 우리도 이 말씀을 곰곰이 생각하고 바르게 적용하면 큰 유익이 있을 것이라 믿습니다. "그리스도께서 다시 살아나신 일이 없으면 너희의 믿음도 헛되고."

이제 사도 바울이 말하는 '다시 사셨다'는 의미가 무엇인지를 바로 이해하는 것이 관건입니다. 부활은 무엇이며 우리에게 어떤 의미가 있습니까? 그 답을 얻기 위해 결코 피해 갈 수 없는 것이 바로 2천 년 전 부활 사건입니다.

이 세상의 모든 인류는 해마다 새롭게 찾아오는 봄을 통해서, 어두움과 빛이 태고 이래로 투쟁 상태에 있음을 알아챌 수 있었습니다. 그리고 기나긴 어두움의 겨울이 지나면 따사로운 봄이 시작되듯, 격렬한 싸움의 끝에 빛이 최종적으로 승리한다는 사실을 예감할 수 있었습니다. 이 놀라운 대자연의 법칙은 해마다 어김없이 반복되며,

인류에게 부활의 소망이 있음을 깨우쳐 주고 있습니다. 모든 어두움은 사라지고 마침내 밝음은 오고야 맙니다. 이것은 자연의 법칙입니다. 아니, 어두움이란 애초에 본질이 아니며, 단지 빛이 없는 동안에만 유효할 뿐입니다. 한줄기 빛이 비치기라도 하면 어두움은 이내 자취를 감추어 버립니다. 그리고 때가 차면 태양이 다시 떠오르듯 부활의 날은 반드시 오고야 맙니다.

자연의 법칙을 보면, 죽음 속에 이미 생명의 씨앗이 숨어 있다는 사실을 알 수 있습니다. 그러므로 사실상 죽음은 죽음이 아니라, 겉보기에는 뻣뻣하게 굳어 버린 듯한 육체에 생명의 씨앗이 발아하기 위해 준비하고 있는 생명의 한 과정일 뿐입니다. 생명과 빛은 반드시 승리하며, 죽음과 어두움은 생명과 빛이 그 모습을 드러내기 전 단계에 나타나는 하나의 현상일 뿐입니다. 이런 생각은 태초 이래로 온 인류의 공동 자산이 되어 왔으며, 현대화 된 오늘날의 부활 신앙에도 영향을 미치고 있습니다. 이로 인해 기독교가 부활에 관해 전하는 메시지는 본질적으로 전혀 다르다는 사실을 간과하고 맙니다.

부활절은, 어두움이란 아무것도 아니며 죽음 역시 생명의 한 과정일 뿐이므로 결국에는 빛이 승리할 수밖에 없다는 식의, 빛과 어두움의 싸움에 관한 이야기가 아닙니다. 부활절은 겨울과 봄의 싸움이라든지 얼음과 태양의 싸움에 관한 이야기도 아닙니다. 부활절은 하나님의 숭고한 사랑에 대항해서 싸우는 죄인들, 더 나은 표현을 들자면, 죄 가운데 있는 인류를 향한 하나님의 숭고한 사랑의 싸움입니다. 성 금요일, 그 싸움에서 하나님은 패자가 된 것처럼 보입니다. 그러나 하나님은 패자가 되심으로, 아니 스스로 패자가 되는 길을 선택하심으로 부활절에 승리하셨습니다.

하나님이 승리하셨습니까, 아니면 프로메테우스(그리스 신화에 나오는 거인족으로 인류에게 신의 불을 훔쳐다 주어 인간 세상에 문명을 전수해 주었다고 알려져 있음—옮긴이)가 승리하였습니까? 이 질문에 대해 하나님은 부활절에 부활의 권능으로 대답하고 계십니다. 성 금요일은 빛이 나타나면 그 모습을 감추어야만 하는 어두움이 아닙니다. 성 금요일은 생명의 싹을 품고, 그 싹을 틔우기까지 영양분을 공급하며 겨울잠을 자고 있는 상태가 아닙니다. 성 금요일은 인간의 몸을 입고 오신 하나님, 사람이 되신 사랑 자체이신 하나님이, 스스로 하나님이 되고자 하는 인간에 의해 죽임당하신 날이며, 하나님의 거룩하신 자, 즉 하나님 자신이 죽으신 날, 하나님이 실제로 죽으신 날입니다. 하나님은 우리 인간의 죄로 말미암아 스스로 죽음의 길을 택하셨습니다. 그 죽음은 생명의 씨앗을 품고 있지 않은 완전한 죽음이었습니다. 그 죽음은 잠에 비유할 수 있는 죽음이 아니었습니다. 성 금요일은 봄이 오기 전에 거쳐야만 하는 전 단계로서의 겨울이 아닙니다. 그것은 말 그대로의 종말이며, 죄 지은 인류의 종말, 인류에게 선고된 마지막 심판입니다.

이제 인류에게 남은 소망이 있다면, 하나님이 영원으로부터 인류 가운데 그분의 권능을 행하시는 길뿐입니다. 부활절은 이 세상 자연법칙에 속한 일이 아니라 하나님이 영원으로부터 역사하신 초월적인 사건입니다. 예수님을 죽음에서 살리심으로, 하나님은 자신의 거룩하신 자를 인정하셨습니다. 부활절은 불멸하는 영혼에 관해 말하고 있는 것이 아니라, 부활에 관해, 즉 인류를 공포와 두려움에 떨게 하는, 육체와 영혼을 포함한 완전한 사망으로부터 하나님이 권능의 역사로 다시 살리신 부활에 관해 말하고 있는 것입니다. 이것이 부활절 메시지입니다.

부활절은 봄이 오면 항상 다시 살아나 부활의 기쁨을 노래하는 대자연의 법칙에 관해 말하고 있는 것이 아닙니다. 사람 속에 이미 깃들어 있는 신성에 관해 말하고 있는 것이 아니라, 인간의 죄와 죽음에 관해서, 그와 동시에 하나님의 사랑과 사망의 종말에 관해 말하고 있습니다. 그것이 부활절 메시지입니다. 부활절은 자연 고유의 법칙이 아닌, 하나님의 영원한 권능의 역사에 관해 말하고 있습니다.

만약 인간 세상에서 하나님의 역사하심이 성 금요일에 막을 내렸다면 인간에게 남겨진 마지막 선고는 죄와 모반이며, 인간 속에 잠자고 있던 강포한 거인이 사슬에서 풀려나 날뛰는 세상, 하늘을 무시하고 공격하는 무법천지로 황폐해질 것이 분명합니다. 결국 인간 세상은 무의미와 절망 상태에 빠지고 말 것입니다. 정말 그렇다면 우리의 믿음은 헛된 것이 되고, 우리는 여전히 죄 가운데 있을 것입니다. 우리는 인간 세상에서 가장 불쌍한 사람들에 지나지 않을 것입니다.

그렇게 되면 결국 예수 그리스도는 우리의 도덕적이고 종교적인 삶을 위해 수치를 당하신 것이 되며, 예수님이 유죄 선고를 받음과 동시에 우리의 문명 전체가 심판대에 서고 말았을 것입니다. 십자가로 종말을 고했다면, 인간의 지식이나 예술도 종말을 맞이하고 말았을 것입니다. 우리가 문명을 일구며 추구하는 궁극의 목적은 인생의 참 의미를 찾고자 함이며 말씀이 육신이 되신 로고스, 하나님을 향하고 있는 것이 아닙니까? 그런데 진리 자체가 존재하지 않으며, 하나님 대신 인간이 참과 거짓의 최종 척도가 된다면, 진리를 추구한다는 것이 무슨 의미가 있겠습니까? 그것은 우리 문화에서 궁극적이며 의미 있는 것, 거룩한 것을 찾아가는 삶의 신경계를 잘라 버린 것이나 다를 바 없습니다. 하나님이 죽으신 것으로 끝났다면 우리는 가장 불쌍한 사람들입니다. 그러므로 우리의 생각도 사도 바울의 생각과 같습니다. "그리스도께서 다시 살아나신 일이 없으면 너희의 믿음도 헛되고."

고대로부터 전해져 오는 이상한 이야기가 있습니다. 그리스 선원들이 타고 있던 작은 배가 남부 이탈리아 해안을 지나가고 있을 때였습니다. 갑자기 탄원하는 듯한 우레 같은 목소리가 항해사의 이름을 불렀습니다. 항해사가 대답하자, 그 우레 같은 목소리가 외쳤습니다. "위대하신 목양신(그리스 신화에 나오는 위대한 목양신 판[Pan]―옮긴이)이 죽었다. 위대하신 목양신이 죽었다." 이 소리가 퍼져 나가자, 배에 타고 있던 사람들은 큰 두려움과 혼란에 빠졌고 혼비백산하여 도망치기 시작했습니다.

이 수수께끼 같은 이야기는 여러 가지로 해석될 수 있습니다. 그러나 한 가지 분명한 것은 이방 문화에서는 부활절 말씀이 이렇게 정반대로 해석되었다는 사실입니다. '하나님은 죽었고 이 세상은 하나님 없는 세상이 되었으며, 버림받은 세상'이라는 것입니다. 혼란에 빠져 당황하여 어찌할 바를 모르는 인류가 깜짝 놀라서 던지는 질문은 이것입니다. "그러면 이제 어떻게 될 것인가? 하나님이 죽었다면 세상은 멸망으로 치달을 것이 뻔하고 아무 의미 없이 사라져 버리고 말 것이 아닌가?"

고대 세계는 '위대하신 목양신이 죽었다'는 이 엄청난 탄원에 대해 아무 대답도 찾지 못했습니다. 그러나 기독교의 부활절 말씀은 그에 대해 답하고 있습니다. 부활절 말씀의 의미는 하나님이 사망에 대해 사망을 선고하셨으며, 하나님은 살아 계시고 그러므로 그리스도 살아 계신다는 것입니다. 사망이 하나님의 크신 권능에 맞서 그리스도를 죽음에 가두어 둘 수는 없었습니다. 하나님은 권능의 말씀으로 사망에 대해 이김을 선포하시고, 사망을 멸하셨으며, 예수 그리스도를 죽음에서 다시 살리셨습니다.

도대체 무슨 말입니까? 우리는 이 엄청난 사건을 어떻게 이해해야 합니까? 우리 마음속에 수많은 의문들이 생겨납니다. 육체의 부활은 무엇입니까? 빈 무덤은 무엇입니까? 제자들에게 부활한 모습을 보이신 것은 무엇을 의미합니까? 호기심과 미신에 대한 흥미를 불러일으키는 비밀 창고에서 수천 개의 질문을 끄집어내지만 뾰족한 답을 얻지는 못합니다. 무덤은 비어 있었습니다. 그리고 중요한 것은 단 한 가지뿐입니다. 하나님이 예수님의 무죄를 인정하시고 영원한 생명을 불어넣으셨다는 사실입니다.

이제 그리스도께서 사십니다. 하나님이 사시므로, 하나님의 사랑이 살아 있으므로, 그리스도께서 사시는 것입니다. 그것으로 충분합니다. '어떻게' 그런 일이 일어날 수 있는지 파고들며 고민할 수도 있습니다. 그러나 '이미 일어난 사실'에는 변함이 없습니다.

하나님이 사신다면, 끔찍한 십자가 사건에도 불구하고 하나님의 사랑은 영원히 살아 있다는 증거이며, 우리는 더 이상 죄 속에 거하지 않습니다. 하나님이 우리 죄를 용서해 주셨기 때문입니다. 하나님이 예수님의 죄 없으심을 인정하셨고 예수님은 우리의 죄를 용서해 주셨기 때문입니다. 예수님이 사신다면, 우리의 믿음은 새로운 의미를 갖게 됩니다. 그러면 우리는 이 세상에서 가장 축복받은 사람들입니다. 죄 지은 인류를 하나님이 살리시고, 우리의 모든 행동에 새로운 의미를 부여해 주는 것이 바로 부활절입니다. '그리스 신화에 나오는 위대한 목양신 판(Pan)이 죽었다'는 것이 아니라, 하나님은 살아 계시며 하나님과 함께 우리도 사는 것이 부활절입니다. 하나님께 버림받은 상태가 아니라, 하나님의 은혜와 신성으로 충만한 것이 부활절입니다. 하나님의 신성에 대항하여 인간이 거인적인 힘으로 승리를 거둔 것이 아니라, 하나님이 인류 위에 승리를 선포하시고 죄와 죽음, 인간의 반역에 대해 강력한 승리를 거두신 것이 부활절입니다.

그러나 한 가지가 더 있습니다. 부활절이 오면 우리 마음속에 아주 사랑스럽고 은밀하게 자라나는 소망이 있습니다. "만일 그리스도 안에서 우리가 바라는 것이 다만 이 세상의 삶뿐이면…"(고전 15:19)이라고 사도 바울은 말합니다. 부활절은 하나님이 영원으로부터 역사하신 사건입니다. 부활절은 모든 마지막 날에 일어날 일, 말로는 도저히 표현할 수 없는 영광스러운 그날에 대한 서곡입니다. 마지막

날에 일어날 일은 모든 것의 완성이며, 언젠가 반드시 일어날 일이지만, 비유로 밖에는 달리 설명할 도리가 없습니다. 부활절의 의미는 단순히 오늘에 국한되어 있지 않습니다.

   부활절은 우리에게 하나님의 완전한 영광과 권능을 계시해 줍니다. 하나님은 사망 위에 군림하시며 예수 그리스도에게 행하셨던 것과 같이 저와 여러분의 죽음을 다스리시는 분입니다. 그렇습니다. 하나님이 말할 수 없는 권능의 역사로 예수님을 죽음에서 다시 살리신 것처럼, 하나님의 거룩한 백성을 사망에서 생명으로 인도하실 것입니다. 오늘 이 부활절에 우리의 시선은 소망 가득한 그날을 향하고 있습니다.

두 번째 메시지

하나님 앞에서 잠잠할 수 있을까?

하나님 앞에서 잠잠하다는 것은
하나님이 우리에게 말씀하시도록 기다리며,
어떠한 말씀을 하시더라도
그 말씀을 영원히 받아들이겠다는 자세로 듣는 것입니다.
자신에 대해 변명하려 하지 않고,
하나님이 우리에게 하시는 말씀을 들으려 하는 것입니다.

하나님 앞에서 잠잠하다는 것은
아무 일도 하지 않는 것이 아니라,
숨을 들이마시듯 하나님의 뜻 안에서 깊이 호흡하는 것입니다.
온 마음으로 경청하며,
들은 것에 대해 순종할 준비가 되어 있는 것입니다.

그러므로 하나님 앞에서 잠잠한 그 시간은
무거운 책임의 시간이며,
우리 자신을 진실로 진지하게 돌아보는 시간입니다.
그러나 그 시간은 언제나 하나님의 안식을 경험하게 하는
축복의 시간이기도 합니다.

1928년 7월 15일, 바르셀로나

시편 62편 1절

나의 영혼이 잠잠히 하나님만 바람이여 나의 구원이 그에게서 나는도다.

수천 년 전 머나먼 동쪽 나라에 한 경건한 사람이 살고 있었습니다. 혹독한 폭풍우가 몰아치는 삶 한가운데서도, 그는 유대인의 성전으로 홀로 나아가 하나님 앞에 조용히 무릎을 꿇곤 했습니다. 그는 이 평화와 고독을 영혼 깊이 들이마셨습니다. 그리고 그 거룩한 고요함이 그로 하여금 이렇게 고백할 수 있게 했습니다. "내 영혼이 나를 도우시는 하나님 앞에 잠잠함이여"(시 62:1, 본회퍼가 인용한 독일어 루터 성경 직역—옮긴이).

오, 오늘 시편을 노래하고 있는 고대의 시인은 하나님의 고요함에 잠기는 그 달콤한 축복을 이 땅에서 이미 맛보았습니다. 평화로운 꿈의 한 장면처럼, 우리는 시편 기자를 사모하지만 그는 우리와는 너무도 멀리 떨어져 있습니다. 우리는 시편 기자의 모습을 사모하지만, 하나님 앞에 잠잠한 그의 모습을 이해하지는 못합니다. 어쩌면 더 이상 이해하려고 하지 않는 것 같습니다.

시편 기자가 이 거룩한 시간에 우리 가까이, 우리에게 아주 가까이 다가와 영혼의 고요함에 대해, 그리고 하나님 앞에서 잠잠하다는 것이 무엇인지에 대해 들려준다면 얼마나 좋겠습니까! 고요히 하나님만 바라는 그 모습을 우리 마음에 깊이 각인시켜 준다면, 시편 기자가 누렸던 고요한 축복의 시간을 보여 준다면 얼마나 좋겠습니까! 그럴 수만 있다면, 아마도 시편 기자는 우리에게 들려줄 말이 무척 많을 것입니다.

"내 영혼이…하나님 앞에 잠잠함이여." 흘러간 시절의 노래 가사처럼, 금색 바탕에 그려진 중세 시대 그림처럼, 어린 시절에 대한 기억처럼, 영혼이라는 말은 20세기를 살아가는 우리에게 기이하고도 너무 낯선 단어가 되고 말았습니다. 기계의 시대, 경제 전쟁의 시대, 유행과 스포츠가 지배하는 우리 시대에도 영혼이라는 단어가 존재할까요? 영혼이라는 단어는 단지 우리의 어린 시절 속에 아름답게 자리 잡고 있는 추억에 불과한 것일까요? 자기를 자랑하는 요란하고 혼잡한 소리들 속에서 영혼이라는 단어는 기이하고도 특별하게 들립니다. 영혼이라는 단어는 투박하고 소란스러운 우리 내면의 아우성으로 인해 거의 들리지 않을 정도로 너무 조용하고 고요한 말입니다. 그러나 이 말 속에는 엄청나게 큰 책임과 아주 깊은 진중함이 담겨 있습니다.

'인간이여, 당신은 영혼의 존재입니다. 영혼을 잃어버리지 않도록, 직장 생활과 사생활 속에서 정신없이 지내다가 어느 날 문득 깨어나 공허해진 내면을 들여다보아야 하는 일이 없도록, 한 장의 얇은 종이처럼 바람 부는 대로 이리저리 날려 다닐 수밖에 없는 수많은 사건의 놀이감이 되지 않도록, 영혼이 없는 존재가 되지 않도록 주의하십시오. 인간이여, 당신의 영혼에 주의를 기울이십시오.'

도대체 영혼이란 무엇입니까? 영혼은 하나님이 우리에게 주신 생명입니다. 영혼은 하나님이 영원으로부터 만지시고 사랑하셨던 것입니다. 영혼은 우리 안에 있는 사랑이며, 동경입니다. 영혼은 우리 안에 있는 거룩한 불안이며 책임감입니다. 영혼은 기쁨이며 고통입니다. 영혼은 죽어 없어질 우리에게 불어넣으신 하나님의 호흡입니다. 인간이여, 당신은 영혼을 소유한 존재입니다. 이 말은 현실을 모르는 어린아이의 달콤한 기억도, 시간이 지나면 사라질 한낱 꿈도 아닙니다. 이 말은 변함없는 진실이며, 우리 인간에게 부여된 무겁고도 진지한 책임입니다. 언젠가 우리는 영원한 나라에서 우리 영혼에 대해 책임을 지게 될 것입니다.

어쩌면 우리 중에는 자신이 영혼의 소유자임을 분명히 알고 있는 사람도 있을 것입니다. 그러나 탁류처럼 흐르는 세월 속에서 그 소중한 사실이 아무것도 아닌 게 되고 말았습니다. 두려움과 혼란, 괴로움과 실망에 싸여 있는 영혼, 숨 돌릴 틈 없이 굴러가는 일상에 이리저리 휘둘리며 어찌할 바를 모르는 영혼에게 오늘 본문은 친밀하게 다가가길 원합니다. "내 영혼이…하나님 앞에 잠잠함이여." 오늘 본문은 영혼의 고요함에 대해 우리에게 들려주기 원합니다.

영혼의 고요함이 무엇을 의미하는지 아는 사람이 몇이나 되겠느냐고 반문할 수도 있을 것입니다. 그러나 여기서 중요한 것은 하나님 앞에서의 영혼의 고요함에 대해 아는 것입니다. 하루 종일 일에 얽매여 있던 사람은 숨 돌릴 겨를도 갖지 못하고, 여가 생활이라는 이름으로 행해지는 각종 활동들마저 한 구석에 겨우 남아 있던 정서까지 모조리 날려 버리고 맙니다. 그러므로 사람들이 혼자서 바둥거리며 자신이 가진 육체적 힘만을 의지하여 겨우 삶을 지탱해 가는 모습을 보게 되는 것은 결코 놀랄 일이 아닙니다.

우리의 전 존재는 고독함과 고요함을 갈급해 하고 있습니다. 왜냐하면 우리 모두 홀로 있는 시간의 고요함이 우리 영혼에게 가져다 주는 유익을 한 번쯤은 맛본 적이 있고, 그런 시간이 잉태한 열매를 잊지 못하기 때문입니다. 오늘 본문은 무슨 책이나 노래에 감동되어 잠잠해지는 것이 아니라, 하나님 앞에서 잠잠해지는 모습에 대해 말하고 있습니다.

"내 영혼이…하나님 앞에 잠잠함이여." 무슨 말입니까? 이 말은 위대하고 거룩한 어떤 것입니다. "내 영혼이…하나님 앞에 잠잠함이여." 아기가 엄마의 젖을 빨며 그 품에 안겨 잠잠해지듯, 그리고 엄마의 품속에서 모든 소원이 충족되듯, 소년이 자신의 영웅을 바라보며 잠잠해지듯, 우는 아이가 모든 아픔을 순식간에 사라지게 할 엄마의 부드러운 손길을 간절히 바라듯, 소녀가 결혼하여 엄마가 될 날을 생각하며 잠잠해지듯, 사랑하는 연인을 바라보며 모든 정열과 불안한 마음이 일시에 잠잠해지듯, 진실한 친구의 눈을 바라보며 잠잠해지듯, 환자가 의사 앞에서 잠잠해지듯, 죽음을 앞둔 노인이 잠잠해지듯, 별빛으로 반짝이는 하늘 아래서 자연의 고동치는 심장을 느끼며 경외감과 전율로 말을 잃어버리듯, 우리 영혼은 하나님 앞에서 모든 불안을 잠재우며 분주하고 거친 마음을 잠재울 수 있어야 합니다. 하나님 앞에서 우리의 모든 갈등을 해소할 수 있어야 합니다. 그곳에서 우리의 소원은 축복이 되며, 우리의 모든 동경은 채워져야 합니다. 하나님의 보호하시는 손길 아래, 한낮의 무더위는 식어 버리고 모든 무거운 짐과 괴로움을 벗어 던질 수 있어야 합니다. 그곳에서 우리는 잠잠히 하나님만 바라보며 자유함과 평안을 누리게 됩니다. 그곳에서 우리는 하나님에 대한 경외심에 가득 차 경배

하며 침묵하게 됩니다. 나의 영혼이 하나님 앞에 잠잠한 것입니다.

잠잠하다는 것은 사랑하는 이가 그 손을 우리 입술에 대고 침묵하라는 신호를 보내기라도 하듯, 진실로 할 말을 잃어버리고 마는 것입니다. 잠잠하다는 것은 오랫동안 보기를 고대하던 사랑하는 이를 말없이 바라보며 행복에 잠기는 것입니다. 잠잠하다는 것은 자신을 온전히 헌신하는 것이며, 상대방의 절대적인 권세 앞에 철저히 굴복하는 것입니다. 한순간 자기 자신을 완전히 잊어버리고 상대방만을 바라보는 것입니다. 한편으로 잠잠하다는 것은 상대방이 내게 무언가 할 말이 있음을 알고 기다리는 것입니다.

하나님 앞에서 잠잠하다는 것은 하나님이 우리에게 말씀하시도록 기다리며, 어떠한 말씀을 하시더라도 그 말씀을 영원히 받아들이겠다는 자세로 듣는 것입니다. 자신에 대해 변명하려 하지 않고, 하나님이 우리에게 하시는 말씀을 들으려 하는 것입니다. 하나님 앞에서 잠잠하다는 것은 아무 일도 하지 않는 것이 아니라, 숨을 들이마시듯 하나님의 뜻 안에서 깊이 호흡하는 것입니다. 온 마음으로 경청하며, 들은 것에 대해 순종할 준비가 되어 있는 것입니다. 그러므로 하나님 앞에서 잠잠한 그 시간은 무거운 책임의 시간이며, 우리자신을 진실로 진지하게 돌아보게 하는 시간입니다. 그러나 그 시간은 언제나 하나님의 안식을 경험하게 하는 축복의 시간이기도 합니다. '내 영혼이 하나님 앞에 잠잠함이여'라는 말은 '주님 말씀하십시오. 주의 종이 듣겠습니다'라고 기도하는 것과도 같습니다.

"내 영혼이 나를 도우시는 하나님 앞에 잠잠함이여." 하나님의 시간은 언제나 도우심의 시간이며 위로의 시간입니다. 하나님은 우리 영혼이 어떠한 곤경에 처해 있더라도 한 가지 답을 준비하고 계십니다. 그 답은 일상의 분주함 속에서 불안하게 살아가는 사람에게 구원을 줄 때에도, 처량한 모습으로 하나님 앞에 나아온 환자에게도, 사랑하는 이의 죽음으로 슬피 울고 있는 여인에게도, 죄책감으로 괴로워하고 있는 사람에게도 똑같습니다. 남자에게나 여자에게나, 노인에게나 아이에게나 똑같습니다. 하나님은 그들 한 사람 한 사람을 향해 한결같이 말씀하십니다. "내가 너를 사랑한단다." 하나님의 사랑의 불꽃 속에서 참되지 못하고 나쁜 것은 모두 불타 없어지고, 깊은 아픔이 찾아옵니다. 하나님 앞에서 잠잠하다는 것은, 하나님 앞에서 작아지는 것이며 참회의 고통을 느끼는 것입니다. 그러나 그 무엇보다도 사랑과 은혜의 기쁨을 누리는 것입니다.

"내 영혼이 나를 도우시는 하나님 앞에 잠잠함이여." 우리 영혼이 하나님께로 향하는 길을 발견하기만 하면, 하나님이 하나님이실진대, 하나님은 우리의 도움이 되십니다. 잠잠히 하나님의 말씀을 듣고, 그 말씀을 깊이 들이마셔 봅시다. "너 사람의 아이야, 나는 너를 사랑한단다. 내 곁에 있으렴. 나는 너의 참 아버지란다."

어쩌면 많은 사람들이 이렇게 말할지도 모르겠습니다. "당신은 또다시 아름다운 것들에 관해 말씀하는군요. 그러나 그토록 아름다운 것에 가까이 나아오는 사람은 왜 이리도 드문 것일까요? 아무래도 그런 일은 아주 특별한 능력이나 은혜가 전제되어야만 가능한 것일 테지요."

아주 단순한 이유가 두 가지 있습니다. 첫째로, 우리는 고요한 시간을 갖기를 두려워합니다. 우리는 불안과 소음에 너무 익숙해져서, 고요한 시간이 오히려 불편하고 두렵습니다. 그래서 고요한 시간을 피해 도망치며, 한순간이라도 조용히 자신과 마주하여 거울을 들여다보듯 자신을 살펴보게 되는 일이 생기지 않도록 사건과 사건 사이를 쫓아다니는 것입니다. 우리는 홀로 있는 시간을 지루한 시간이라 여기며, 이런 시간이 마치 아무런 유익 없이 허비되는 시간인 것처럼 생각합니다.

무엇보다도 우리는 홀로 있는 그 시간에 진실한 자신의 모습을 발견하게 될까 봐 두렵고, 자신의 진실한 모습이 백일하에 드러나게 될까 봐 두려운 것입니다. 그리고 혹시라도 하나님이 홀로 있는 자신을 찾아오셔서 자신의 진실한 모습을 드러내실까 싶어 더더욱 두려운 것입니다. 그렇습니다. 하나님이 우리와 홀로 마주하시며 그분의 뜻에 우리를 복종시키실까 봐 두려운 것입니다. 우리는 하나님과의 무섭도록 고독한 만남을 꺼리며 모면하려고 합니다. 하나님이 갑자기 너무 가까이 다가오시지 않도록, 할 수만 있으면 하나님의 존재에 대해 생각하는 것마저도 피하고자 합니다.

어느 날 갑자기 하나님과 홀로 대면하여 하나님 앞에서 자기 인생을 돌아보아야 한다는 것은 무서운 일입니다. 그 시간이 오면 만면에 가득하던 미소는 사라질 것이며, 지금까지 살아오면서 전혀 중요하게 생각하지 않았던 일들이 중요해질 것입니다. 이런 두려움은 우리 시대가 가지고 있는 특징입니다. 우리는 무한한 세계에 사로잡혀 들어가, 그 앞에 세워질까 봐 두려워합니다. 그래서 단 1분이라도 하나님 앞에 서느니, 무덤에 들어가는 날까지 사람들과의 사교모임이나 영화관, 극장 등을 찾아다니는 것입니다. 우리의 모습은 어떠한지 단 한 번이라도 돌아보기 바랍니다.

이것이 첫 번째 이유라면, 두 번째 이유는 종교 생활에 대한 우리의 나태하고 안이한 자세입니다. 어쩌면 한 번쯤은 진지하게 신앙생활을 시작한 적이 있을지도 모르겠습니다. 그러나 흐르는 시간 속에서 우리는 졸다가 잠들어 버렸습니다. 그리고 말하기를, 종교는 감정이 따라야 하는데 더 이상 아무 감정도 느끼지 못한다고 합니다. 그러므로 다시 신앙의 감정이 생길 때까지 기다려야 한다고 주장합니다.

이런 생각에 속아서는 안 됩니다. 좋습니다. 종교를 감정의 문제라고 합시다. 그러나 하나님은 감정의 문제가 아닙니다. 하나님은 우리가 함께한다고 느끼든 느끼지 못하든 지금 이곳에 계십니다. 이런 생각이 들어도 전혀 불안해지지 않습니까? 자기감정에 의지하여 신앙생활을 하려 한다면, 우리는 점점 더 가난해질 뿐입니다. 화가가 기분이 내킬 때만 그림을 그리려 한다면, 그는 진보를 이룰 수 없을 것입니다. 예술이나 학문과 마찬가지로, 종교 생활을 할 때에도 감정이 고조되는 시간이 있는가 하면, 진지하게 수고하며 연습해야 하는 시간도 있습니다. 하나님과의 교제에도 연습이 필요합니다. 그런 연습이 없다면, 하나님이 우리를 찾아오셨을 때 무슨 말을 어떻게 해야 할지 알지 못하게 됩니다. 우리는 하나님의 언어를 배워야 합니다. 땀 흘려 배워야 합니다. 우리도 하나님께 말씀드릴 수 있도록, 하나님의 언어를 사용하는 법을 공들여 배워야 합니다. 기도하는 것 역시 진지하게 일하면서 연습해야 합니다.

종교를 감정의 문제로 착각하는 것은 굉장히 심각한 오류입니다. 종교는 노동입니다. 어쩌면 인간이 할 수 있는 일 가운데, 가장 어려우면서도 거룩한 노동일 것입니다. 우리에게 관심을 두고 계신 하나님이 분명히 계신데도, '나는 별로 종교적이지 않다'는 말로 자신을 정당화시키며 회피해 버리는 것은 한탄할 일입니다. 그것은 변명에 불과합니다. 분명히 하나님을 믿는 데 있어서 다른 사람에 비해 좀 더 어려움을 느끼는 사람도 있을 것입니다. 그러나 수고하지 않고 뭔가를 이루어 낸 사람은 없습니다. 하나님 앞에 잠잠하기 위해서도 수고해야 하며 연습해야 하는 이유가 여기에 있습니다. 우리는 매일 하나님의 말씀 앞에 나아가며, 말씀 앞에서 자신을 점검해야 합니다. 그렇습니다. 매일 새롭게 하나님의 사랑으로 인해 기뻐할 수 있어야 합니다.

이제 하나님 앞에 고요한 시간을 갖기 위해 도대체 어떻게 해야 하느냐고 묻겠지요? 저의 보잘것없는 경험에 비추어 여러분과 나눌 수 있는 것은 이것입니다. 우리 가운데 그 누구도 아침이나 저녁에 하루 10분 정도 시간을 낼 수 없을 만큼 바쁜 사람은 없을 것입니다. 그 시간에 모든 일상에서 벗어나, 잠잠히 영원한 것을 바라보는 것입니다. 영원한 것으로 하여금 우리에게 말하게 하고, 우리 자신을 살피며, 아주 깊이 자신을 들여다보고, 자기 자신을 넘어 아주 멀리까지 바라보는 것입니다. 이 시간에 성경의 몇 구절을 묵상하는 것도 좋습니다. 그러나 무엇보다도 중요한 것은, 모든 얽매임에서 벗어나 우리 영혼이 안식하게 될 아버지의 집으로, 영혼의 본향으로 향하는 것입니다.

날이면 날마다 공을 들여 일을 하듯 진지하게 이런 연습을 하는 사람은, 이 시간의 보배로운 열매가 자신의 삶 위에 넘치게 부어지는 것을 경험하게 될 것입니다. 모든 일이 그러하듯, 시작은 어려울 수 있습니다. 그럼에도 불구하고 용기를 내어 이런 연습을 시작했지만, 처음에는 아주 이상하게만 느껴지고 심지어 아무 소득이 없는 것처럼 느껴질 수도 있습니다. 그러나 그렇게 느껴지는 날이 오래 가지는 않을 것입니다. 오래지 않아 영혼은 풍성하게 채워지고, 새롭게 살아나며, 새 힘을 덧입게 될 것입니다. 하나님의 사랑이 거하는 영원한 고요를 경험하게 될 것입니다. 모든 걱정과 근심, 불안과 황망함, 소음과 절규, 눈물과 두려움은 우리를 도우시는 하나님 앞에서 잠잠해질 것입니다.

세상에는 쉼도 없고 만족도 없습니다. 이것은 분명한 사실입니다. 그 어떠한 열망도 세상에서는 채워질 수 없습니다. 바라던 것을 얻은 성취감 너머에는 이미 새로운 욕망이 자리 잡고 있습니다. 부유한 자는 더욱더 부해지고자 합니다. 권력을 손에 넣은 자는 더욱더 큰 권력을 잡고자 합니다.

그 이유는 이 세상에 완전한 것이란 없기 때문입니다. 아무리 큰 성공을 거두더라도 그 성공은 부분적인 것에 불과합니다. 불완전합니다. 우리가 쉼과 평화를 누리려면 온전함에 이르러야 하는데, 그것은 하나님 안에서만 가능한 일입니다. 인간의 모든 노력과 열망은 사실 하나님을 향하여 찾아가는 것이며, 하나님께 이를 때에야 비로소 부족함이 없는 만족이 있습니다. 온전히 채워질 수 있습니다. 우리는 하나님 안에서만 참된 평화와 안식을 누릴 수 있습니다. 위대한 교부 성 어거스틴은 이 사실을 비할 데 없이 아름다운 말로 표현하고 있습니다. "주 하나님, 당신은 우리가 당신을 찾아가도록 창조하셨고, 당신 안에서 안식을 누리기 전까지 우리 영혼은 불안합니다." 하나님이 우리 모두에게 이런 안식을 주시기를 기도합니다. 또한 그분의 평화와 고독 속으로 우리를 이끌어 주시기를 소망합니다. 아멘.

세 번째 메시지
하나님을 볼 수 있을까?

하나님을 본다는 것은
자신의 삶 속에서 하나님을 인식할 뿐 아니라,
세상 속에서 하나님을 인식하고
그분을 보며 그분의 뜻을 이해하는 것입니다.

하나님을 본다는 것은
깊은 영적인 세계로 들어가 신의 성품에 참예하며,
어린아이와 같이 놀라움이 가득한 눈으로
하나님의 비밀이 계시되는 것을 보는 것입니다.

이 세상에서 우리는 이 모든 것에 대해 그림자를 보듯 예감할 뿐입니다.
이 세상에서는 부분적으로 알 수 있을 뿐이지만,
저 세상에서 우리는 하나님을 얼굴과 얼굴로 대면하게 될 것입니다.

하나님을 본다는 것은
사랑과 감사, 순결함 속에서
우리 자신이 영원의 일부가 되는 것입니다.

하나님을 본다는 것은
흰 옷을 입고,
구원받은 사람들과 더불어 목소리 높여 찬양하는 것입니다.
하나님의 지혜와 지식은 얼마나 깊은지요!

1928년 8월 12일, 바르셀로나

마태복음 5장 8절

마음이 청결한 자는 복이 있나니 그들이 하나님을 볼 것임이요.

이스라엘 역사에서 하나님의 언약궤에 손을 대고도 목숨을 부지할 수 있었던 사람은 아무도 없었습니다. 그 누구도 하나님의 언약궤에서 흘러나오는 그 거룩함을 감당할 수 없기 때문입니다. 마찬가지로 오늘 본문 말씀에 너무 가까이 다가가는 사람은 이 말씀으로 인해 자기 생명을 잃어버릴 수도 있습니다. 이 말씀에서 흘러나오는 기이하리만큼 고요한 광채 앞에서, 그는 도무지 눈을 뗄 수 없게 될 것이기 때문입니다. 예수님은 값진 진주를 발견한 상인에 관한 이야기를 비유로 말씀하신 적이 있습니다. 그 이야기에서 상인은 귀한 진주를 발견하고는, 그 진주에서 눈을 떼지 못하고 자신이 가진 모든 것을 투자하고서라도 일생 그 진주만을 보기 원했습니다.

오늘 저는 여러분에게 이 말씀으로 설교하려 하지만, 사실 이 말씀 앞에 잠잠히 침묵하는 것보다 더 좋은 설교는 없다는 사실을 잘 알고 있습니다. 이 말씀을 잠잠히 바라봅시다. 그리하여 이 말씀으로 하여금 우리를 만나게 하며, 이 말씀으로 인해 우리 생명을 잃어버리고, 이 말씀에 의해 더없이 높고 넓은 영원한 세계로 들려 올라갑시다.

세상이 하나님으로부터 떨어져 나와 타락했을 때, 인류가 피조물의 존재 목적을 잊어버리고 타락한 세상의 의도대로 살기 시작했을 때, 피조물이 창조주를 대적하며 불평하기 시작했을 때, 우주 공간 속에서 우리가 사는 땅 위로 어두운 밤이 찾아왔을 때, 사랑이 온기를 잃고 시기와 질투의 얼음같이 차가운 바람이 온 세상에 불기 시작했을 때, 그때에도 선하신 하나님은, 비록 희미한 그림자 정도로만 느껴질 뿐이더라도, 한 가지 소중한 것을 남겨 두셨습니다. 그것은 바로 우리의 기원에 대한 그리움, 즉 본향을 향한 동경, 하나님을 향한 동경입니다.

탄식으로 가득한 비참한 세상을 보아야만 하는 눈은 시리고 아픕니다. 속임수와 기만으로 가득한 세상을 보아야만 하는 눈은 쓰라리며, 뼛속 깊이 스며드는 세상의 차가움 앞에 오싹해지는 우리 영혼은 시편 기자처럼 절규할 수밖에 없습니다. "내 영혼이 하나님 곧 살아 계시는 하나님을 갈망하나니 내가 어느 때에 나아가서 하나님의 얼굴을 뵈올까"(시 42:2). 밤이 낮을 기다리고 겨울이 봄을 기다리며 악으로 고통스러워하는 영혼이 선을 애타게 기다리듯, 세상은 '하나님 뵙기'를 갈망하고 있습니다.

우리는 모두 연약한 자신의 모습이 눈앞에 비참하리 만큼 확연히 드러나는 고통스러운 삶의 시간, 구역질이 날 정도로 자기 자신이 역겹고 싫어지는 삶의 시간을 경험한 적이 있지 않습니까? 자신이 원했던 것과는 반대로 실족하여 넘어져 버린 실패의 시간, 자신이 보기에도 경멸스럽기만 한 치욕스러운 패배와 굴복의 시간, 그리하여 그 비참함과 수치심으로 인해 사도 바울처럼, "오호라 나는 곤고한 사람이로다 이 사망의 몸에서 누가 나를 건져내랴"(롬 7:24) 하며 절규할 수밖에 없었던 시간을 경험한 적이 있을 것입니다.

이런 시간이 우리에게 주는 축복은, 이때에야 비로소 우리가 하나님의 얼굴을 애타게 찾으며, 금으로 단장한 영원한 도성에서 거닐게 될 날을 간절히 소망하게 된다는 사실입니다. 그렇습니다. 이때에야 비로소 우리는 하나님 뵙기를 갈망하며 동경하게 됩니다. 우리 영혼이 하나님을 향해 부르짖는 시간, 그 애타는 갈망을 경험해 보지 못한 사람은, 예수님이 오늘 우리에게 하시고자 하는 말씀을 도무지 이해할 수 없을 것입니다.

우리 개개인이 하나님의 얼굴을 갈망하듯, 온 세상이 하나님 없는 세상의 비참한 현실 속에서 하나님의 얼굴을 바라며 절규하게 되는 시간이 있습니다. 구약 시대 유대인들의 역사는 하나님을 찾아 외치는 이런 절규로 점철되어 있습니다. "내 영혼이 하나님 곧 살아 계시는 하나님을 갈망하나니 내가 어느 때에 나아가서 하나님의 얼굴을 뵈올까." 소크라테스, 플라톤, 칸트, 그리고 독일 철학은 모두 한목소리로 이런 절규에 동의하고 있습니다. 우리가 살고 있는 이 시대에도 저 옛날 그 애타는 절규가 다시 울려 퍼지고 있습니다.

"어떻게 해야 하나님을 뵐 수 있을까?" 이 세상 곳곳에서 일어나는 우울하고 암담한 일들, 비참하고 혐오스러운 일들에 우리 시선은 못 박혀 버린 것만 같습니다. 그래서 이런 세상 일들에서 눈을 돌리는 것이 도무지 불가능하고, 다른 시각으로 이런 일들을 바라보는 것이 불가능한 것처럼 여겨집니다.

그러나 우리는 이 칠흑 같은 어두움 속에서도 무언가 빛 주위를 감도는 비할 나위 없이 아름다운 것이 있음을 예감합니다. 그러나 누가 그런 아름다움을 볼 수 있는 눈을 우리에게 줄 수 있겠습니까? 우리 눈 속으로 한줄기 빛이 비쳐들 때, 눈을 감아 버리지 않고 그 빛을 바라볼 수 있는 눈을 누가 우리에게 줄 수 있겠습니까? 어렴풋이 빛을 예감하는 정도로 머물지 않고, 막연하게 하나님을 동경하는 것으로 만족하지 않고, 진실로 하나님을 볼 수 있게 되려면, 도대체 우리는 어떤 사람이 되어야 하겠습니까?

이런 물음에 대해 예수님은 말씀하십니다. "마음이 청결한 자는 복이 있나니 그들이 하나님을 볼 것임이요." 청결한 마음, 즉 우리 자신이 정결하게 되는 길 외에는 달리 하나님을 뵐 수 있는 방법이 없습니다. 괴테는 "눈이 태양과 같지 않을진대 눈은 태양을 볼 수 없으리" 하고 말했습니다. 이 말은 눈이 태양과 같은 성질을 지니고 있지 않다면 눈은 태양을 볼 수 없으며, 밝은 빛을 볼 수 없는 눈먼 상태로 머물 수밖에 없다는 말입니다. 오늘 본문은 '너희 영혼이 영원한 신성을 지니고 있지 않다면, 결코 하나님을 볼 수 없다'라고 말하고 있는 것입니다. 깊은 산 속의 맑은 호수에 높고 푸른 하늘이 담기고 반영되듯, 투명한 크리스털 너머로는 모든 사물의 순전한 모습을 볼 수 있듯, 마음이 청결하다면 우리 마음은 하나님의 형상을 담는 그릇이 되어 하나님의 형상을 투영하게 될 것입니다.

'순결'(청결)이라는 단어는 매우 아름답고 완전하며 성숙한 울림으로 귓전에 울려 퍼집니다. '순결'이라는 말을 들으면 한순간 숨이 멎어 버릴 듯하지 않습니까? 그러나 다음 순간, 이 단어의 특별한 울림 앞에 갑자기 슬퍼지지는 않습니까? 최근에 저는 요한계시록을 연구하던 어느 노학자가 "흰 옷을 입은 무리가 하나님 앞에 서 있다"는 내용에서 '순결'에 대해 묵상하며 숨 막히는 감동으로 눈물을 흘렸다는 이야기를 읽었습니다.

우리는 '맑음, 순수함'과 같은 단어를 대자연 속에서 경험하곤 합니다. 수많은 별빛으로 아름답게 수놓아진 밤하늘을 바라볼 때나, 출렁이는 바닷물 속으로 잠수하는 태양이 금빛 찬란한 광채를 온 세상에 쏟아붓는 장엄한 광경을 볼 때, 하얀 봉오리에 이슬을 머금은 백합화가 햇빛을 받아 반짝일 때, 아무 근심 없이 놀고 있는 아이들이나 천진하게 잠들어 있는 아이들, 또는 엄마 품속에 안겨 있는 아이들, 환하게 불을 밝힌 크리스마스트리 아래서 초롱초롱한 눈빛으로 성탄의 밝은 빛과 영혼의 아름다움을 전해 주는 아이들을 볼 때에, 우리는 우수에 잠겨 어린 시절을 회상하게 되고, 맑고 순수한 그 무엇에 대해 말없이 동경하게 되지 않습니까? 우리는 신랑 신부가 제단 앞에서 결혼 서약을 하는 모습을 보면서도 '순결'의 아름다움에 깊이 감동하곤 합니다. 성숙한 사람들의 눈은 '순결'한 빛을 발하며, 그 '순결'한 모습에는 말로 표현하기 어려운 아름다움이 깃들어 있습니다. 그렇습니다. 우리가 예수님의 눈을, 예수님의 마음을 똑바로 바라보는 순간, 우리는 '순결'하신 예수님의 모습 앞에 숨 막히는 감동을 느끼게 됩니다.

무엇이 우리를 이토록 감동시키는 걸까요? 우리가 순결함을 볼 수 있는 그곳에서만 세상은 투명해져서 그 의미와 아름다움, 생명을 갖게 되기 때문입니다. 순결함이 있는 그곳에서 우리의 죽을 육체는 하나님을 향해 빛을 발하기 시작합니다. 순결함은 하나님을 담는 그릇이 되며, 유한하여 죽어 없어질 우리 인간의 몸, 살과 피로 된 우리 인간의 삶에 그 순결함이 있을 때만 하나님이 나타나시게 되는 까닭에, 순결함과는 너무나 동떨어져 있는 우리 자신의 모습에 경악하게 되는 것입니다. "마음이 청결한 자는 복이 있나니."

그러면 다시 탄식이 나옵니다. 우리는 더 이상 순결하지 않습니다. 우리에게는 흠이 있고, 죄로 얼룩진 우리 영혼이 어디로 가든 우리를 따라다닙니다. 우리는 더 이상 하나님을 투명하게 드러내지 못합니다. 우리 속에 있던 빛은 어두워졌습니다. 우리는 거짓과 가식, 위선과 정욕으로 더러워졌습니다. 그래서 예수님이 우리를 긍휼히 여기시며, "마음이 청결한 자는 복이 있나니 그들이 하나님을 볼 것임이요"라고 말씀하시는 것을 들으면 온몸이 아픔으로 오그라드는 것입니다.

왜 이 축복의 말씀이 허공을 치며 아무런 소망 없는 헛된 울림이 되어 사라져 버리고 마는 것일까요? 그 이유를 한마디로 표현하면, 세상은 가장 무도회를 열고 있습니다. 우리는 예수님의 말씀 앞에서 이 사실을 쓰라리게 인식하게 됩니다. 개개인의 취향과 공명심에 따라 사람들은 각자 나름대로 가면을 만들어 쓰고 있습니다. 사람들은 이 가면을 쓰고 살아가면서, 가면을 쓴 모습과 자신이 동일시되기를 바랍니다. 사람들은 이상한 깃을 달고 색칠하고 분장하여, 자연스러운 모습 그대로 보이는 곳이 한 군데도 없게 만듭니다. 또한 너무 밝은 곳으로 나오기보다는 색깔들이 각양각색으로 번쩍거리는 어스름한 곳에 머물고자 합니다. 누군가가 붙잡고서 "그런 가면에 자신을 숨기고 있는 당신은 누구입니까?" 하고 묻기라도 하면, 가면으로 얼굴을 더욱 깊이 가리고 급히 도망칩니다. 이처럼 세상은 가장 무도회를 열고 있습니다.

이런 세상을 향하여 예수님이 말씀하십니다. "복이 있나니…." 이 말씀은 우리에게서 가면을 벗겨 버립니다. 이 말씀은 맑고 순전함을 새롭게 창조해 냅니다. 이 말씀은 하나님을 향해 우리 눈을 열어 줍니다. 하나님을 향한 우리의 시야는 불투명하여 뿌옇고 진실되지 않으며, 근원으로부터 떨어져 나와 버린 우리 존재로 인하여 날마다 어두워지고 있음을 우리는 알고 있습니다.

달리 표현하자면, 우리가 쓰고 있는 가면으로 인해 우리 눈이 어두워진 것입니다. 예수님은 이런 곤경에서 우리를 구해 내고자 하십니다. "단순하고 분명하며 바르고 순전한 모습, 너희가 본래 지녔던 참 모습으로 돌아가라. 그러면 너희 마음은 하나님 아버지의 마음을 보여 주는 거울이 될 것이다. 가장 무도회를 그만두고 너희 자신에게 정직해져라. 그래서 너희가 하나님의 피조물 외에 아무것도 아니며, 스스로 권리를 주장할 수 없다는 사실을 알고, 너희 속에 하나님의 형상이 순전하게 아로새겨져서 하나님을 투영하는 존재가 되어야 함을 인식하라. 세상으로부터 순결함을 지키고, 하나님이 너희에게 입혀 주신 흰 옷을 더럽히지 말라. 마음이 청결한 자는 복이 있나니."

그리스도인으로 살아가면서 가장 충격적인 사실은 자신이 순결한 상태로 머물 수 없으며, 날이면 날마다 넘어질 수밖에 없는 존재라는 것입니다. 그 사실을 직시할 때 밤마다 하나님께 울부짖을 수밖에 없습니다. "주님, 제 힘으로는 할 수 없으니 저를 정결케 해주십시오. 그러면 제가 정결해질 것입니다. 제 속에 정직한 마음을 창조해 주십시오. 저는 정말로 순결하고 싶습니다. 너무도 간절하게 하나님을 뵙고 싶습니다." 그러나 이 세상에서 살아가는 동안, '저희가 하나님을 볼 것'이라는 약속이 우리에게 온전히 성취되었음을 확신하지는 못합니다.

우리는 눈을 들어 허무하게 사라져 버릴 이 세상을 초월하여, 모든 시대를 초월하여, 별이 빛나는 하늘을 넘어, 사랑하는 아버지가 살고 계신 빛이 있는 그곳, 맑고 깨끗하며 진리가 있는 그곳, 찬양의 가사처럼 문은 진주로, 길은 금으로 단장된 도성에서 흰 옷을 입고 하나님 앞에 서서 새로운 눈으로 하나님을 바라보아야 합니다. 하나님을 본다는 것은 아버지를 사랑하여 그분의 눈을 똑바로 바라보는 것입니다. 마치 사람들이 사랑하는 사람의 눈을 바라보며 행복을 느끼는 것처럼 말입니다.

"마음이 청결한 자는 복이 있나니 그들이 하나님을 볼 것임이요." 하나님을 본다는 것은 마치 생수를 들이키듯 하나님의 빛을, 그분의 맑고 깨끗함을 들이마시는 것입니다. 하나님을 본다는 것은 우리가 일생 동안 사모하며 걸어왔던 그 본향을 바라보는 것이며, 마치 어린아이가 어머니의 품에 안겨 실컷 울고 나면 가슴이 후련해져서 기쁨을 회복하듯 아버지의 마음에 자신을 맡기는 것입니다.

"마음이 청결한 자는 복이 있나니 그들이 하나님을 볼 것임이요." 그러나 하나님을 본다는 것은 그 이상의 의미를 가집니다. 하나님을 본다는 것은 자신의 삶 속에서 하나님을 인식할 뿐 아니라, 세상 속에서 하나님을 인식하고 그분을 보며 그분의 뜻을 이해하는 것입니다. 하나님을 본다는 것은 깊은 영적인 세계로 들어가 신의 성품에 참예하며, 어린아이와 같이 놀라움이 가득한 눈으로 하나님의 비밀이 계시되는 것을 보는 것입니다. 이 세상에서 우리는 이 모든 것에 대해 그림자를 보듯 예감할 뿐입니다. 이 세상에서는 부분적으로 알 수 있을 뿐이지만, 저 세상에서 우리는 하나님을 얼굴과 얼굴로 대면하여 바라보게 될 것입니다. 하나님을 본다는 것은 사랑과 감사, 순결함 속에서 우리 자신이 영원의 일부가 되는 것입니다. 하나님을 본다는 것은 흰 옷을 입고, 구원받은 사람들과 더불어 목소리 높여 찬양하는 것입니다. 하나님의 지혜와 지식은 얼마나 깊은지요!

그러나 우리는 아직 한 걸음 한 걸음 내딛는 희미한 발자국 소리를 들으며 본향을 향해 걸어가는 순례자들입니다. 우리는 길을 걸어가는 다른 순례자들과 함께 한목소리로 끝없이 하늘을 향해 외칩니다. "제 마음을 정결하게 하소서." 하늘이 우리를 더욱 순결하도록 이끌며, 예수님도 친히 말씀으로 우리를 이끌어 주십니다. "마음이 청결한 자는 복이 있나니 그들이 하나님을 볼 것임이요."

네 번째 메시지

영원을 위해 헌신할 수 있을까?

하나님은 우리를 이 세상에 두셨습니다.
우리는 이 세상 속에서,
언젠가는 사라져 버릴 이 세상 한가운데서,
하나님의 뜻을 준행하며 살아야 합니다.

우리를 기쁘게 하는 것들을 보면서 마음껏 기뻐하십시오.
그러나 세상에 마음을 두지는 마십시오.
우리의 마음은 영원에 속해 있습니다.
우리의 마음은 하나님의 소유입니다.

그러므로 세상이 우리의 마음을 원한다면,
세상과 전쟁을 선포하십시오.
그러나 세상이 우리의 힘과 우리의 도움, 우리의 삶을 원한다면,
우리의 힘이 닿는 데까지 헌신적으로 주는 삶을 사십시오.
그러면 우리는 사망의 사람에서 영원의 사람으로 변화될 것입니다.

1928년 8월 26일, 바르셀로나

요한일서 2장 17절

이 세상도, 그 정욕도 지나가되 오직 하나님의 뜻을 행하는 자는 영원히 거하느니라.

고대 그리스의 위대한 철학자 헤라클레이토스(Heraklit von Ephesos)는 세상에 대한 자신의 깊은 통찰력을 짤막한 문장 속에 담았습니다. "모든 것은 강물처럼 흘러가며, 이 세상에서 영속하는 것이나 확정적인 것 또는 확실한 것은 없다." 또한 이렇게 말하기도 했습니다. "우리는 같은 강물에 두 번 들어갈 수 없다." 이것은 우리가 인생을 잡으려 하면, 손가락 틈새로 물이 빠져나가듯 어느새 흘러가 버리고 만다는 말과 같은 뜻입니다. 인생에는 정지 상태란 없습니다. 인생은 사는 것이라기보다 오히려 죽는 것이라고 표현해야 맞을 것입니다. 인생은 죽음을 의미합니다.

같은 시기에 멀리 동양에 살고 있던 인도 사람 부처(Budda)는 세상의 허상과 무상함에 대해 가르쳤습니다. 유혹하는 세상은 도저히 빠져나올 수 없는 문어 다리처럼 사람들을 휘감아 세상 깊숙이 끌고 들어갑니다. 이렇게 한번 세상 속으로 끌려 들어가면, 욕망에서 욕망으로 휩쓸려 다니며 더 이상 헤어 나올 수 없습니다. 그러나 이 모든 것들이 인간을 속임수에 빠뜨리는 허상이며 하나의 환영에 불과하다고 말합니다. 이 모든 것들은 실상이 아니며, 잠시 괴롭히다가 어느새 사라져 버리고 마는 한낱 꿈에 불과하다고 말입니다.

전도자 솔로몬은 "모든 것이 헛되도다"라는 심각한 말을 했습니다. 세상은 공허할 뿐 아니라 세상에서 행하는 모든 일들도 공허합니다. 즐거움은 지나가 버리고, 수고는 날마다 다시 찾아오며, 삶이란 차라리 죽음이라고 말해야 한다는 옛 노래 가사처럼, 이 세상에서의 삶은 어제도 오늘도 힘들게 반복될 뿐입니다. 한마디로 말해서, 모든 것이 헛될 뿐입니다. 사람의 손은 환상에 불과한 무가치하고 하찮은 것을 만들어 냈을 뿐입니다. 시간은 마치 숙명처럼 세상 위에 떠 있으면서, 세상을 이토록 헛되게 만듭니다.

시간이란 두 가지 의미에서 참으로 무서운 말입니다. 그중 하나는 한번 엎질러진 물은 다시 주워 담을 수 없듯이, 한번 일어난 일은 결코 없었던 일로 되돌릴 수 없다는 의미에서 무섭습니다. 한번 일어난 일은, 아주 작은 부분일지라도 결코 돌이킬 수 없습니다. 죄는 죄로 남아 있으며 실수는 실수로 남아 있습니다. 우리는 지금까지 살아오면서 이런 죄와 실수로 인해 많은 눈물을 흘려야 했고, 또 앞으로도 많은 눈물을 흘려야만 합니다. 이미 일어난 일은 영원히 없어지지 않습니다.

또 하나 무서운 것은 시간이란 한순간도 정지되는 경우가 없다는 것입니다. 모든 것이 영원한 변화 속에서 이미 정해진 목표를 향해 흘러갑니다. 그 목표란 다름 아닌 죽음입니다. 프리드리히 쉴러(Friedlich Schiller)는 "신들과 여신들도 아름다움이 사라지고 완전한 것이 죽는다는 사실 앞에 눈물을 흘린다"는 슬픈 노래를 지었습니다. 시간은 기쁨과 환희의 순간, 축복과 쾌락의 순간을 뒤로하고 무자비하게 흘러가 버리고 맙니다. 니체는 "왜냐하면 모든 쾌락은 영원을 갈구하며 깊고 깊은 영원을 소망한다"는 시를 지은 적이 있습니다. 우리가 지고의 행복을 느끼는 그 순간이 영원하길 바라지만 그런 순간조차 그 어느 때보다 헛되이 지나가고 만다는 사실은, 우리 인생에서 참으로 수수께끼 같고 도무지 그 원인을 규명하기 어려운 모순이 아닐 수 없습니다.

이 세상 정욕은 지나가 버립니다. 왜냐하면 세상이 허무하게 사라져 버리고 말 것이기 때문입니다. 이 세상은 그 정욕과 함께, 그 아름다움과 화려함과 함께, 모든 인류와 그들의 문명과 함께 사라져 버리고 말 것입니다. 그렇더라도 베토벤이나 바흐, 괴테나 미켈란젤로의 작품은 영원하지 않을까요? 이 세상이 사라져 버리듯 그들의 작품도 사라져 버릴 것입니다. 태초 이래로 빛나는 별들 앞에서, 영원한 하나님의 세계 앞에서, 이 세상 역사에서 누리는 수백 년의 명성이 뭐 그리 대단한 것이겠습니까? 이 세상에 존재하는 모든 문명과 아름다움, 인간의 모든 능력을 전부 합친들, 하나님의 영원하신 아름다움과 무한하신 능력 앞에 선다면 뭐 그리 대단한 것이겠습니까? 티끌 하나, 드넓은 바다의 물 한 방울, 바람에 날리는 낙엽 한 잎에 지나지 않을 것이며, 차라리 아무것도 아니라고 말하는 것이 옳을 것입니다.

영원 앞에서 인간 세상의 문화, 철학, 윤리에 대해 말한다는 것은 인간의 어리석음에서 나온 주제넘은 발언에 불과합니다. 언젠가는 땅이 산산조각으로 부서질 날이 올 것이며, 이 세상도 다르지 않을 것입니다. 언젠가 우리가 사는 땅이 없어지면 이 세상도 사라질 것입니다. 우리가 살고 있는 땅, 이 세상은 시간의 지배를 받고 있습니다.

더 분명한 말로 표현하자면, 죽음이 지배하고 있습니다. 시간과 죽음은 똑같은 말입니다. 세상은 죽음과 사망의 세계입니다. 세상에서 일어나는 모든 일들은 마지막 궁극적인 것('궁극적인 것과 궁극 이전의 것'[Die letzten und die vorletzten Dinge]이라는 말은 본회퍼 윤리학에서 사용되는 중요한 용어―옮긴이)의 전 단계에 불과합니다. 그러므로 이 세상에 대한 마지막 선언은 삶과 기쁨 또는 즐거움이 아니라 이 세상의 무상함과 죽음입니다. 죽음의 법이 세상을 지배하고 있는 것입니다. 초대 그리스도인들의 표현을 빌자면, 사악한 세상은 죽음의 법 아래 놓여 있습니다. 이 세상이 결코 벗어나지 못하는 마지막 경계선은 죽음입니다.

끝도 없이 이어지는 그 모든 한탄, 온 세상에 이런 운명을 가져온 이름 없는 고통을 생각해 봅시다. 죽음의 운명이 너무도 두렵고 무서워서, 우리는 이 세상의 창조주가 처음부터 우리에게 이런 운명을 정해 놓지는 않았을 것이라고 어렴풋하게나마 짐작하게 됩니다. 세상은 하나님의 뜻에서 떨어져 나와 타락했음이 분명하며, 저 태고에 악한 일이 발생했으며, 창조주 하나님을 반역하는 마귀의 일은 태곳적 악행과 죽음의 운명과 무슨 연관이 있다는 사실을 느끼는 것입니다.

그리고 우리 모두 잘 알고 있듯이, 오늘날에도 우리 안에는 하나님을 거스르고 하나님의 뜻을 거역하며 반항하도록 부추기는 태고의 악이 도사리고 있습니다. 그래서 구약의 이야기에서는 하나님께 순종치 않은 아담과 하와에 대해 "네가 흙에서 취함을 입었으니 흙으로 돌아갈지어다"라고 죽음을 선고하고 있는 것입니다. 마치 악한 마법에 걸리기라도 한 것처럼 죽음의 운명이 이 세상 위에 드리워져 있습니다. 그리고 오직 이 태곳적 악을 이 세상에서, 그리고 우리 속에서 몰아낼 수 있는 자만이 이 죽음의 마법을 깨뜨릴 수 있습니다. 이 죽음의 운명이 세상에서 일어나는 악과 동맹 관계를 맺고 있는 것처럼 보이기에, 이 문제는 이 세상에서 우리가 안고 있는 가장 심각한 문제가 됩니다.

이 세상에서 아주 진지하게 다루어야 할 중요한 문제는 죽음입니다. 이 세상에서의 삶이 끝나고 죽음이 찾아왔을 때, 이 세상 경계선에 도달했을 때, 우리가 더는 어찌할 수 없는 시간의 한계선에 도달했을 때가 중요합니다. 찰나와 같은 세상, 즉 궁극 이전의 것, 사도 요한이 말하는 세상의 정욕은 중요하지 않습니다. 이 세상을 살아가는 동안 중요한 것을 위해 살 것인지 아니면 중요하지 않은 것을 위해 살 것인지, 궁극 이전의 것을 위해 살 것인지 아니면 궁극적인 것을 추구하며 살 것인지는 각 사람의 선택에 달려 있습니다. 오늘 본문에 나오는 세상의 정욕을 궁극적인 목적으로 여기며 살아갈 것인지, 아니면 이 세상 정욕이 헛되이 지나가 버리고 말 것이라는 사실을 진지하게 생각하며 살 것인지는 각 사람의 선택에 달려 있습니다.

오늘 본문은 마치 구약성경에서 선지자를 통해 경고하셨던 것처럼, 언젠가는 모든 것의 종말이 오며, 그날이 오면 우리 삶에 대해 결산해야 한다는 사실을 기억하라고 엄중하게 선언하고 있습니다. 죽음의 순간은 반드시 우리를 찾아올 것입니다. 이 세상은 죽음의 세상이기 때문입니다. 오직 하나 영원을 제외한 모든 것, 시간의 지배 아래 있는 모든 것은 사라지고 말 것입니다. 그때에 저의 삶도 여러분의 삶도 끝이 납니다. "여호와여 나의 종말과 연한이 언제까지인지 알게 하사 내가 나의 연약함을 알게 하소서"(시 39:4). 이 중요한 사실을 아무 생각 없이 지나쳐 버리겠습니까? 마지막 시간이 가까이 다가올 때까지 이 중요한 문제를 소홀히 여기렵니까?

그럴 수 없습니다. 하나님의 눈으로 우리 삶을 진지하게 돌아봅시다. 다시 말해서, 궁극적인 것에 대해, 죽음에 대해 진지한 자세를 가집시다. 그리고 우리에게 일어났던 그 은혜의 기적을 바라봅시다. 우리가 살아가는 이 세상에 경계선이 있으며, 시간에도 영원으로 들어가는 경계선이 있음을 생각합시다. 그러면 놀라운 일이 일어날 것입니다. 이 세상의 한계선, 세상의 마지막 지점이 새로운 시작점이며 영원의 시작이라는 사실에 대해 우리 눈이 열릴 것입니다. 이곳에서 시간은 영원 앞에서 그 힘을 잃어버리고 말 것이며, 이 세상에서의 마지막인 죽음은 궁극 이전의 것이 될 것입니다. 언젠가는 사라져 버리고 말 이 세상 모든 것들이 영원이라는 관점 아래 놓이게 될 것입니다.

영원은 멀리 있지 않습니다. 하나님이 예수 그리스도 안에서 시간 속으로 그분의 손을 내밀고 있습니다. 언젠가는 사라져 버릴 죽음의 세상 한가운데서 우리는 하나님의 손을 잡을 수 있고, 그분의 손에 꼭 붙들려 영원 속으로 이끌려 들어갈 수 있습니다. 이것이 예수 그리스도 안에서 계시된 기적입니다. 거기에는 헛된 세상 속 어두움의 한가운데에 영원으로부터의 표적인 십자가가 진지하고도 강력하게 신성한 은혜와 빛을 두루 비추며 서 있습니다. 그 십자가에서 예수 그리스도는 온 세상을 사랑으로 감싸 안아서 아버지께로 인도하려는듯 두 팔을 벌린 채 달려 있는 것입니다. 예수 그리스도는 사람들 가운데 거하시는 하나님의 사랑이었습니다. 이 십자가로 나아오십시오. 거룩한 사랑의 표적인 십자가로 나아오십시오. 십자가의 빛 아래로 나아와 그 빛을 단단히 붙드십시오. 여러분이 십자가의 빛 아래 머무는 동안, 빛의 선물이 주어질 것입니다. 그러면 여러분 자신이 어느새 영원한 존재가 되어 있는 놀라운 일을 경험하게 될 것입니다.

인류 속에 있는 태곳적 악을 없앨 수 있는 자만이 사망의 힘을 깨뜨릴 수 있다고 했습니다. 그 사망의 세력을 깨뜨릴 수 있는 분이 바로 예수 그리스도이십니다. 예수 그리스도는 죄인들을 거룩하게 하시며, 하나님을 거역하는 자들을 하나님께로 돌이키십니다. 예수 그리스도는 사울을 바울로 변화시키십니다. 예수 그리스도는 우리 죄를 깨끗이 씻어 주시고, 죽음의 운명 아래 있던 죄인들을 영원으로 초대하십니다. 거기에 십자가가 서 있습니다.

이제 기적 중의 기적이 일어납니다. 예수 그리스도는 우리를 이 세상에서 이미 영원한 존재가 되게 하십니다. 우리는 더 이상 죽음에 종노릇하는 허망한 존재가 아닙니다. 하나님이 우리를 부르셨으므로 우리는 영원한 존재가 되었습니다. 시간의 지배 아래 있는 세상 한가운데서 이미 영원한 존재가 된 것입니다. 우리는 가슴 속에 영원을 담고 있습니다. 예수 그리스도를 믿는 자는 영원한 생명을 가진 존재가 되었으며, 더 이상 죽음이 어찌할 수 없는 존재가 된 것입니다. 그는 지금 당장 죽더라도, 살 것입니다. 매 순간 하나님을 바라보며 영원의 존재로 사는 것이 우리 인생의 의미입니다. 이제 우리는 사망을 이겼고, 사망은 그 권세를 잃고 아무것도 아닌 것이 되어 우리 뒤에 놓여 있습니다. 우리는 사망에서 생명으로 옮겨졌습니다. 세상은 그 정욕과 함께 지나갑니다. 그러나 하나님의 뜻을 행하는 자는 영원히 남습니다.

이제 우리에게는 한 가지 분명한 질문이 주어졌습니다. "우리는 들의 풀과 같이 시들어 없어지는 인생, 사망에 종노릇하는 사람으로 남을 것입니까, 아니면 죽음에 대한 생각 앞에 깜짝 놀라서 영원을 찾아나서는 영원에 속한 사람이 될 것입니까?" 우리는 둘 중 하나만을 선택할 수 있습니다. 인생을 가볍게 여기고 생각 없이 살아간다면, 우리는 사망의 세계에 속한 사람으로 머무를 것입니다. 그렇지 않고 오늘 집으로 돌아가서 자신의 인생을 진지하게 생각하며 살아간다면, 우리는 영원의 사람으로 변화될 것입니다.

어떻게 그렇게 될 수 있습니까? 이 질문에 대해 예수님은 어이가 없을 만큼 단순하게 대답하십니다. "하나님의 뜻을 행하라!" 제가 여전히 어리벙벙하여 제대로 깨닫지 못하고 있으면, 예수님은 다시 대답해 주십니다. "집으로 돌아가서 네 형제와 자매, 네 아내와 자녀들, 네 부모님과 친구들을 사랑하라. 이웃과 화해하고 도움이 필요한 자를 도우라. 아무것도 가진 것이 없는 자들에게 네가 가진 것을 나누어 주라. 평화를 추구하며 긍휼히 여기고 순결한 말과 생각을 하라. 그러면 너는 이 세상에서 영생을 누리는 삶을 살게 될 것이다."

하나님은 우리를 이 세상에 두셨습니다. 우리는 이 세상 속에서, 언젠가는 사라져 버릴 이 세상 한가운데서, 하나님의 뜻을 준행하며 살아야 합니다. 우리를 기쁘게 하는 것들을 보면서 마음껏 기뻐하십시오. 그러나 세상에 마음을 두지는 마십시오. 우리의 마음은 영원에 속해 있습니다. 우리의 마음은 하나님의 소유입니다. 그러므로 세상이 우리의 마음을 원한다면, 세상과 전쟁을 선포하십시오.

그러나 세상이 우리의 힘과 우리의 도움, 우리의 삶을 원한다면, 우리의 힘이 닿는 데까지 헌신적으로 주는 삶을 사십시오. 그러면 우리는 사망의 사람에서 영원의 사람으로 변화될 것입니다.

오늘 설교를 들으면서, 그리스도인이란 그가 보는 모든 것을 헛된 것이라 여기며, 모든 일을 체념한 채 살아가는 염세주의자일 것이라고 생각한다면 말씀을 잘못 이해한 것입니다. 그리스도인은 세상에 대해서는 분명 염세주의자라 할 수 있을 것입니다. 왜냐하면 그들은 이 세상에 그렇게 많은 기대를 하지 않으며, 이 세상 문화를 즐기려고도 하지 않기 때문입니다.

그러나 그리스도인은 이 세상에 나타나 있는 신성에 대해서는 낙관주의자입니다. 그들은 하나님이 영원을 선사하셨다는 사실을 알기에, 기쁘고 쾌활한 사람들입니다. 어쩌면 그 쾌활함 속에는 항상 이 세상의 고통을 들여다보는 데서 오는 약간의 슬픔이 담겨 있을 것입니다. 그러나 그리스도인이 살아가는 터전, 그 신앙과 삶이 진실됨을 증명할 수 있는 곳은 이 세상입니다. 그는 이 세상에 적응해서 살며, 이 세상에서 함께 일하고 영향을 끼치며, 이 세상에서 하나님의 뜻을 행해야 합니다. 그러므로 그리스도인은 풀 죽은 비관론자가 아니라, 이 세상에 대해 기대하는 것이 적기 때문에 도리어 이 세상 한가운데서 이미 기쁘고 쾌활하게 살아가는 사람입니다. 그리스도인에게 세상은 영원으로 들어가는 씨를 뿌리는 밭이기 때문입니다. "오직 하나님의 뜻을 행하는 자는 영원히 거하느니라."

우리 인생에서 영원한 생명이냐, 영원한 사망이냐를 결정짓는 중요한 시간이 찾아올 것입니다. 파우스트의 마지막 장면처럼, 악마는 심판을 외치고 천사는 구원을 외칠지라도 말입니다(괴테의 희곡 파우스트 1부에 나오는 마지막 장면, 악마가 파우스트와의 계약대로 그 영혼을 지옥으로 데려가려고 하는 순간, 천사가 파우스트의 영혼을 구원하여 천상으로 인도한다—옮긴이).

다섯 번째 메시지
소망을 품고 견딜 수 있을까?

소망을 인하여 참고 견디는,
쓰디쓴 기다림의 축복을 모르는 사람은
결코 충만한 삶을 살 수 없습니다.

삶에 대한 깊은 의문과
자신이 어떻게 살아야 하는지를 두고
불안한 마음으로 씨름하며
진리가 밝히 드러나기까지
기다림과 동경으로 바라보는 자의 심정이 어떠한지 모르는 사람은,
진리가 선명하게 빛을 발하는 순간의 영광을 절대로 꿈꿀 수 없습니다.

우정과 사랑을 얻기 위해
상대방이 마음으로 다가오기까지
자기 영혼을 열고 기다리려 하지 않는 사람에게는,
두 영혼이 어울려 살아가는 깊은 인생의 축복이 끝내 숨겨져 있습니다.

우리는 세상에서 가장 크고 깊고 사랑스러운 것들에 대해
기다릴 줄 알아야 합니다.
그런 것들을 향해 폭풍처럼 돌진해서는 안 되며,
싹이 트고 자라며 성장하는 신의 법칙을 따라야 하기 때문입니다.

1928년 12월 2일, 바르셀로나[*]

요한계시록 3장 20절

볼지어다 내가 문 밖에 서서 두드리노니….

독일에서 '대강절'(Advent)은 기다림을 배우는 시간입니다. 기다림은 인내를 모르는 우리 세대가 잊고 있는 삶의 기술입니다. 우리 세대는 새싹이 트기도 전에 무르익은 열매를 따려 합니다. 욕심에 눈이 멀어 겉보기에 탐스러워 보이는 열매가 아직 속이 익지 않아 시퍼런 상태임을 모릅니다. 결국 경의를 표할 줄 모르는 그 손은 익지 않은 열매를 따서 맛보고는 실망하여 가차없이 내던져 버립니다.

소망을 인하여 참고 견디는, 쓰디쓴 기다림의 축복을 모르는 사

---

[*] 대강절 첫째 주일에 전한 말씀. 아드벤트(Advent)란 독일 그리스도인들이 성탄절이 되기 4주 전부터 가정마다 촛불을 밝히며 아기 예수의 오심을 기리는 아름다운 절기를 일컫는 말이다. 보통 네 개의 촛불을 켤 수 있는 예쁜 장식환을 만들어 놓고, 첫 번째 아드벤트에는 한 개의 촛불을, 두 번째 아드벤트에는 두 개의 촛불을 켠다. 이렇게 네 개의 촛불을 밝힌 후 성탄절을 맞게 된다. 개신교 절기로는 대강절 기간이다.

람은 결코 충만한 삶을 살 수 없습니다. 삶에 대한 깊은 의문과 자신이 어떻게 살아야 하는지를 두고 불안한 마음으로 씨름하며 진리가 밝히 드러나기까지 기다림과 동경으로 바라보는 이의 심정이 어떤지 모르는 사람은, 진리가 선명하게 빛을 발하는 순간의 영광을 절대로 꿈꿀 수 없습니다. 우정과 사랑을 얻기 위해 상대방이 마음으로 다가오기까지 자기 영혼을 열고 기다리려 하지 않는 사람에게는, 두 영혼이 어울려 살아가는 깊은 인생의 축복이 끝내 숨겨져 있습니다. 우리는 세상에서 가장 크고 깊고 사랑스러운 것들에 대해 기다릴 줄 알아야 합니다. 그런 것들을 향해 폭풍처럼 돌진해서는 안 되며, 싹이 트고 자라며 성장하는 신의 법칙을 따라야 하기 때문입니다.

모든 사람이 기다릴 줄 아는 것은 아닙니다. 기다림은 포만감에 빠져 만족해 하는 사람, 경의를 표할 줄 모르는 사람의 것이 아닙니다. 뭔가 부족함을 알고 근심하는 사람, 이 세상에서 가장 크신 분을 경외심으로 바라보는 사람만이 기다릴 수 있습니다. 그러므로 자신이 가난하고 완전하지 못하다는 사실을 알며 그 영혼이 만족할 수 없는 사람, 이 세상에 오셔야 할 크신 분이 있음을 느끼며 그분 앞에 두려운 마음으로 겸손히 몸을 굽혀야 함을 알고, 거룩하신 자, 구유에 누이신 아기의 모습으로 오신 하나님이 우리를 가까이 하시기까지, 기다릴 줄 아는 사람만이 대강절을 경축할 수 있습니다.

"하나님이 오십니다. 주 예수님이 오십니다. 성탄절이 다가옵니다. 성도여, 다 기뻐하라!" 이런 내용을 담은 노래가 오늘 우리 가운데 다시 울려 퍼지고 있습니다. 우리는 벌써부터 멀리서 들려오는 '하나님께는 영광이요 땅에는 평화'라는 천사들의 노랫소리를 기대합니다. 그러나 아직은 아닙니다. 여기서 '아직'이라는 말은 기다림을 배우라는 뜻입니다. 그리고 정말이지 기다리십시오. 이 기다림의 시간이 예수님의 오심을 예비하는 복된 시간이 되게 하십시오.

대강절 기간이 되어 성탄절 노래를 또다시 부르고 들을 때면 우리는 기이한 감상에 젖습니다. 세속에 찌든 강퍅한 마음이 부드러워지고, 우리가 어린 시절에 품었던 정서가 되살아납니다. 어머니에게서 떨어져 있으면서 느꼈던 그리움, 지나간 날들과 갈 수 없는 머나먼 곳을 향한 알 수 없는 동경, 그러나 기분이 언짢아지거나 가라앉게 만들기보다는 뭔가 행복을 주는 그런 동경입니다. 그리하여 우리는 지난날에 대한 동경이나 부모님이 계신 집에 대한 그리움을 넘어 구름 너머에 있는 본향, 영원한 아버지 집을 그리워하게 되는 것입니다.

목적이나 기약도 없이 영원히 방황해야 하는 이 세상에 지워진 망향인의 저주와 같은 것이 우리에게 있습니다. 우리 주변에는 한겨울의 죽음과 냉기가 맴돌고 있으며, 우리 안에는 수천의 무시무시한 눈들이 지켜보고 있는 듯 몸이 오싹해집니다. 아무리 애써도 도저히 벗어날 길이 없고 끊임없이 우리를 세상으로 내몰고 있는 악이 보입니다. 우리는 지난 교회력의 마지막 두 주일에 걸쳐, 두 가지 실재 중의 실재인 악과 죽음에 관한 문제에 대해 이야기했습니다. 이 문제는 새로운 교회력이 시작되는 오늘, 다시 한 번 우리 영혼을 무겁게 내리누르고 있습니다. "악과 죽음, 이 문제에서 누가 우리를 도울 수 있습니까? 여기서 누가 우리를 구원할 수 있습니까?"

모든 악의 권세와 죽음에서 우리를 구원하실 분은 바로 우리 주님이십니다. 우리 가슴에서는 한숨이 절로 나옵니다. "하나님이신 주 예수 그리스도여, 오소서! 이 세상 속으로, 본향을 잃고 헤매는 우리에게로, 우리 죄 가운데로, 우리의 죽음으로 오소서. 오셔서 우리와 함께하시며, 우리와 같은 인간으로 오셔서 우리를 대신하여 죄와 죽음을 이기소서. 나의 모든 죄와 허물 가운데로, 나의 신실치 못한 매일의 삶 속으로 오셔서, 미워하면서도 버릴 수 없는 죄된 삶에 함께하소서. 거룩하신 하나님! 악과 고난, 죽음의 나라에서 나의 형제가 되어 주소서. 나의 죽음 속으로 함께 가시며, 나의 고난과 치열한 싸움에 함께하소서. 그리고 악이 있음에도 불구하고, 죽음이 있음에도 불구하고, 나를 거룩하게 하시고 정결하게 하소서."

그리고 오늘 주님은 우리에게 나지막한 음성으로 대답하십니다. "볼지어다 내가 문 밖에 서서 두드리노니…." 이 말씀을 듣는 우리 앞에 마치 지진이 일어난 듯한 느낌이 들지 않습니까? 우리가 도움을 요청하며 부른 성령님, 이 세상을 구원하시는 분은 멀리 계시지 않습니다. 그분은 바로 문 앞에 서서 두드리고 계십니다. 그분은 이미 오셔서, 문이 열리기만을 기다리고 계십니다.

"주님이 오십니다. 하나님이 오십니다. 우리에게로 오십니다." 분명 문을 두드리는 분의 음성은 세미하고, 그분의 음성을 알아듣는 사람은 소수에 불과합니다. 질 나쁜 물건을 팔기 위해 사람들을 끌어 모으는 장사꾼들은 요란하게 떠들며, 사람들은 모두 앞을 다투어 거기로 들어가려 하기 때문입니다. 화려하게 치장한 채 사람들로 북적이는 집에 드나들고 있지는 않은지, 자신을 살피지 않는 자는 불행한 사람입니다.

요란하게 떠들어 대는 사람들과 달리 왕 같은 순례자는 인내심을 갖고 눈에 띄지 않은 채 조용히 서 계십니다. 그분은 아주 조용히 문을 두드리고 계십니다. 분명히 문을 두드리는 소리가 들립니다. 그분이 여러분의 문은 두드리지 않는 것 같습니까? 그렇다면 우선 모든 시끄러운 소리들을 잠잠케 하십시오. 그러고 나서 여러분의 마음 문을 두드리고 계신 그분에게 귀를 기울여 보십시오. 그분은 여러분의 마음을 그분의 마음과 하나되게 하시며, 여러분 곁에서 조용한 손님이 되길 원하십니다. 예수님은 여러분의 마음 문을, 제 마음 문을 두드리고 계십니다. 오직 우리 귀를 열고, 우리 마음속에서 들려오는 소리에 귀를 기울이기만 하면 됩니다. 예수님은 반드시 오십니다. 올해도 오십니다. 우리 한 사람 한 사람을 찾아오십니다.

초대교회가 예수님의 재림에 관해 말할 때면 가장 먼저 엄청난 심판의 날을 떠올리곤 했습니다. 이런 생각이 성탄절과는 전혀 어울리지 않는다고 느낄지라도, 우리는 초대교회가 가졌던 생각을 진지하게 받아들여야만 합니다. 예수님이 우리 마음 문을 두드리실 때 그 소리를 듣게 된다면, 무엇보다도 우리는 양심의 가책을 느끼게 됩니다. 우리는 준비되어 있습니까? 우리 마음은 주님이 거하실 처소로 합당하게 준비되어 있습니까?

그러므로 성탄을 기다리는 시간은 바로 마음을 새롭게 하는 시간입니다. "오 인류여, 진지하게 너희 마음을 정돈하여라!" 하고 옛 성도는 노래했습니다. 하나님의 날이 도래하리라는 선포에 저 옛적 민족들이 두려워 떨었던 반면, 예수 그리스도가 땅 위를 걸어다니실 때에도 세상이 동요했던 반면, 오늘 우리가 하나님이 직접 오신다는 사실 앞에서 이토록 잠잠하고 침착할 수 있다는 것은 참으로 이상한 일입니다. 세상에 남겨진 하나님의 자취를 골고다 언덕 위의 십자가 고난의 흔적과 연관시켜 생각해 본다면, 우리의 태도는 더욱더 이상합니다. 우리는 아기 예수를 이 세상에 보내신 성탄절에 대해 얘기하면서 사랑의 하나님만 생각합니다. 그리하여 하나님이 오신다는 말씀을 들으면서도 전혀 두려움을 느끼지 않습니다. 우리는 듣기 싫은 말씀 앞에서는 무감각해져 있으며, 언제 들어도 좋고 부담이 없는 말씀만 가려서 듣는 경향이 있습니다. 그러고는 이 세상을 창조하신 하나님이 우리의 작은 세상으로 오실 뿐만 아니라, 사람들 가까이로 다가오고 계신다는 심각한 사실을 잊고 지냅니다. 하나님이 오신다는 사실은 진실로 기쁨의 소식일 뿐만 아니라, 양심을 가진 사람이라면 누구나 떨림을 어쩌지 못할 두려운 소식이 아닐 수 없습니다.

하나님의 오심 앞에 놀라고 두려워할 때에야 비로소 우리에게 주어진 은혜가 얼마나 값진 것인지 알 수 있습니다. 하나님은 악한 세상 한가운데로, 사망 한가운데로 들어오셔서, 이 세상에서 역사하는 악을, 우리 속에 있는 악을 심판하십니다. 하나님은 악을 심판하심으로써 우리를 사랑하시며 우리를 정결케 하시고 거룩하게 하십니다. 하나님은 악을 심판하심으로써 그분의 은혜와 사랑으로 우리 가까이 다가오십니다. 그리고 어린아이처럼 기뻐할 수 있는 기쁨을 우리에게 주십니다.

이제 하나님이 우리와 함께하십니다. 우리가 어디에 있든, 우리가 죄 가운데 있든 고난과 죽음 가운데 있든, 항상 우리와 함께하길 원하십니다. 우리는 더 이상 홀로 있지 않습니다. 하나님이 우리와 함께하십니다. 우리는 더 이상 고향 잃은 떠돌이 신세가 아닙니다. 우리가 그리는 영원한 본향이 이미 우리 안에 깃들어 있기 때문입니다. 그러므로 우리가 비록 다 커서 성인이 되었을지라도 어린아이가 기뻐하는 것 이상으로 크리스마스트리 아래서 마음속 깊은 곳으로부터 우러나오는 기쁨을 누릴 수 있습니다. 하나님의 선하심이 다시 한 번 우리 가까이 다가오고 있음을 알기 때문입니다. 지난 한 해 동안 우리 인생 여정에서 맛보았던 하나님의 모든 선하심을 기억하면서, 놀랍고 기이한 본향을 느낄 수 있기 때문입니다. 예수님은 심판과 동시에 은혜로 오십니다. "볼지어다 내가 문 밖에 서서 두드리노니…." "문들아 들릴지어다"(시 24:7).

그리스도께서 문 앞에 서서 두드리고 계십니다. 여러분은 그리스도를 찾고 싶습니까? 어쩌면 단 한 번 그리스도를 여러분 곁에, 마음으로만이 아니라 정말 손으로 만질 수 있도록 가까이할 수 있다면, 여러분이 가진 모든 것을 내버릴 각오는 되어 있습니까? 예수님은 사람이 어떤 존재인지 아십니다. 우리가 직접 눈으로 보기를 원하며, 손으로 만질 수 있기를 원한다는 사실을 아십니다. 그래서 예수님은 자신이 날마다 우리의 마음 문을 두드리시기 위해 방랑하고 계심을 엄중한 비유의 말씀으로 가르쳐 주셨습니다. 어떻게 우리가 환상 속에서가 아니라, 진실로 예수님을 가까이할 수 있는지 말씀해 주셨습니다.

심판의 날이 오면, 예수님은 염소와 양을 구별하실 것이며, 오른쪽에 있는 자들을 향하여 말씀하실 것입니다. "내 아버지께 복받을 자들이여 나아와…내가 주릴 때에…대답하여 이르시되…지극히 작은 자 하나에게 한 것이 곧 내게 한 것이니라"(마 25:34-40). 이 말씀을 통해 우리는 무서운 진실 앞에 서게 됩니다. 예수님은 진실로 문 밖에 서서 두드리고 계신다는 것입니다. 예수님은 누더기를 걸친 볼품없는 사람, 거지의 모습으로 찾아와 여러분의 도움을 구할 것입니다. 여러분이 만나는 모든 사람들 속에서 예수님은 여러분을 만나고 계십니다. 사람이 이 지구상에 살고 있는 한, 예수님은 땅 위를 걷고 계실 것입니다. 여러분의 이웃인 그 사람을 통해 하나님이 여러분을 찾아오시며, 여러분에게 말을 걸기도 할 것입니다. 또는 여러분의 도움이 필요한 사람의 모습으로 이 땅에 거하시기도 할 것입니다. 이 사실은 성탄절을 앞두고 우리가 들어야 할 가장 심각하면서도 가장 복된 메시지입니다. 그리스도께서 문 앞에 서 계십니다. 그리스도는 사람의 모습으로 우리 가운데 거하십니다. 여러분은 그리스도를 향해 자물쇠를 채울 것입니까, 아니면 문을 열어드리겠습니까?

예수님이 이토록 가까이 계시며 우리가 그분을 이토록 가까이에서 뵙는다는 사실이 이상하게 느껴질 수도 있습니다. 그러나 예수님은 대강절 말씀이 가르치는 실재를 진지하게 받아들이지 않는 자들에게는, 그리스도의 오심에 대해서도 그 마음속에 들리게 하지 않을 것이라고 하셨습니다. 그리스도의 오심에서, 우리 모두 그리스도로 인해 그리고 하나님으로 인해 형제가 되었다는 사실을 깨닫지 못하는 자는, 그리스도께서 이 세상에 오신 의미를 전혀 이해하지 못하고 있는 것입니다.

그리스도께서 문을 두드리고 계십니다. 아직은 성탄절이 아닙니다. 아직 그리스도께서 오실 마지막 대강절은 아닙니다. 그러나 우리가 평생 기쁨으로 기다려 온 모든 대강절을 통해, 우리는 마지막 대강절을 동경하고 있습니다.

성경에는 "보라 내가 만물을 새롭게 하노라"(계 21:5)고 기록되어 있습니다. 대강절은 기다림의 시간입니다. 결국 우리의 전 생애가 대강절이며, 마지막 날을 소망하는 기다림의 시간입니다. 우리는 모두 새 하늘과 새 땅, 온 인류가 형제로 마주하는 그날을 기다리고 있습니다. 우리는 모두 "땅에서는 하나님이 기뻐하신 사람들 중에 평화로다"(눅 2:14)라는 천사의 말에 환호할 그날을 고대하고 있습니다. 사랑하는 여러분, 기다림을 배우십시오. 주님이 반드시 오겠다고 약속하셨기 때문입니다. "볼지어다 내가 문 밖에 서서 두드리노니…." 우리 모두 한목소리로 외칩시다. "아멘 주 예수여 오시옵소서"(계 22:20).

여섯 번째 메시지
그럼에도 항상 기뻐할 수 있을까?

이 기쁨은 시간과 함께 흘러가 버리지 않으며
영속하는 기쁨입니다.

그 기쁨의 근원은 더 이상 변함도 없고
시간에도 제한받지 않으시는
아버지의 마음에 있기 때문입니다.

하나님의 마음에 머무를 때,
다른 모든 것은 언젠가 사라질 헛된 세상을 붙잡기 위해 안달하는
위험한 유희에 지나지 않는 것으로 퇴색합니다.

하나님의 마음에 머무를 때,
우리는 아버지이신 하나님 앞에 전(全) 인격체로 서게 되며,
우리 마음은 전에 알지 못하던 기쁨,
우리 삶을 내면으로부터 완전히 뒤집어 버릴
기쁨으로 충만하게 됩니다.

1930년 7월 20일, 텔토우, 2차 신학 고시 설교*

데살로니가전서 5장 16-18절

항상 기뻐하라 쉬지 말고 기도하라 범사에 감사하라 이것이 그리스도 예수 안에서 너희를 향하신 하나님의 뜻이니라.

외국에서 오랫동안 살다가 고국인 독일로 돌아온 사람이라면, 지금 독일인의 모습은 다른 민족들과는 현저히 다르며 과거의 모습과도 다르다는 사실을 어렵지 않게 간파할 수 있습니다. 힘겨웠던 지난 15년의 삶이 고스란히 흔적을 남겨 놓았기 때문입니다. 그 얼굴에는 자신에게 지워진 삶에 대한 비탄이 서려 있고, 피할 수 없는 숙명처럼 느껴지는 삶에 대한 체념 같은 것도 보입니다. 더 자세히 들여다보면, 독일인인 우리가 참혹할 정도로 무거운 짐을 지고 힘겹게

---

* 본회퍼는 바르셀로나에서 1년 동안 부목사로 섬긴 후 다시 베를린으로 돌아왔다. 그리고 베를린 남쪽에 위치한 텔토우에서 2차 신학 고시 설교를 치렀고, 2차 신학 고시 합격과 동시에 대학 교수 자격을 수여받았다.

발걸음을 내딛고 있다는 설움을 읽을 수도 있습니다. 지금 우리에게는 오직 하나의 구호만 들릴 뿐입니다. 너와 네 자녀들이 현재와 같은 수레바퀴의 삶을 살고 싶지 않다면 '일하고 또 일하라!'는 것입니다. 이로 인해 우리는 어느새 노동을 저주처럼 여기게 되었고 삶은 염려와 두려움 덩어리가 되고 말았습니다. 이런 상태로 제법 오랜 시간이 흐른지라, 여기저기서 불만과 불평이 터져 나오고 염세주의와 우울증으로 인해 마치 쇠사슬에 매여 땅에 붙들려 있는 것처럼 보입니다. 결국 입을 꼭 다문 채 쓰라린 마음을 안고 살아가게 되는 것은 이상한 일이 아닙니다.

 하나님의 말씀을 듣기 위해 오늘 이 자리에 모인 우리도 이와 별로 다르지 않은 것 같습니다. 우리는 끊임없는 일들과 의무에 시달리다가 이 자리에 왔습니다. 우리 역시 날마다 일용할 양식을 얻기 위해 치열한 싸움을 벌여야 합니다. 이런 우리에게 그나마 잠시의 여유가 있다면, 그 시간에 우리의 미래와 자녀들의 미래에 대해 염려해야 합니다. 우리는 모두 한 사람의 예외도 없이 늘 염려하고 근심하며 슬퍼해야 할 수많은 이유가 있는 일주일을 보내고 왔습니다. 우리 삶의 수천 가지 부분에서 모자람과 부족함이 가득하고 또 그것을 채워야 할 긴급한 필요가 가득하기 때문입니다. 말 그대로 곤고한 삶입니다. 이 정도면 우리가 인생에 대해 잘 알고 있을 뿐만 아니라 인생이란 어두움뿐이라고 주장할 충분한 근거가 될 것도 같습니다.

그럼에도 오늘 우리는 하나님을 부르며 그분의 말씀을 구하기 위해 이곳에 모였습니다. 하지만 이런 우리에게 들려주시는 사도 바울의 말씀은 저 멀리 떨어진 낯선 나라에서 들려오는 낯선 이야기 같습니다. "항상 기뻐하라 쉬지 말고 기도하라 범사에 감사하라." 무슨 이런 말씀이 있습니까? 인생에 대해 아무것도 모르는 사람, 늘 평탄하고 순조롭게 살아가는 사람이 하는 말처럼 들립니다. 정말 그렇습니까? 아닙니다. 이 말씀은 우리처럼 인생이라는 모진 풍랑을 겪었지만 그럼에도 불구하고 우리와는 완전히 다른 태도로 삶의 무게를 견뎌 냈던 사람의 확신에 찬 선언입니다. 이 말씀을 전하는 사도 바울은 핍박을 당하고 내쫓김을 당하고 돌팔매질을 당하고 태형을 당하기도 했던 사람입니다. 풍랑에 배가 파선을 당하고 옥에 갇히고 죽음에 내몰리는 등 수없는 위험과 위협에 빠졌던 사람입니다. 그럼에도 사도 바울은 무엇보다 그 모든 어려움 속에서 오직 한 가지만을 소원하며 살았던 사람입니다. 그 소원이란 예수 그리스도 안에서 우리에게 이루어진 하나님의 뜻을 전하는 사람, 즉 그리스도와 복음의 사도로서 사람들에게 기쁜 소식을 전하는 것이었습니다. 그렇다면 그의 말을 흘려듣기보다 돌이켜 다시 생각해 볼 가치가 있지 않겠습니까!

그러나 우리는 변명합니다. "우리는 험한 인생을 지나며 단련된 사람들입니다. 우리는 궁핍함과 비참함을 충분히 겪었고, 몸소 체험한 사람들입니다. 그런 말씀은 우리에게는 해당되지 않습니다. 게다가 그런 말씀은 우리 같은 사람들하고는 별 상관이 없습니다. 우리에게 주어진 의무를 다하며 진지하게 일하는 것 외에 다른 것은 생각하고 싶지 않습니다. 우리가 어린아이였다면 조금 다를 수도 있겠지요. 어쩌면 이 말씀대로 살아 보려고 시도는 했을 겁니다. 그러나 오늘과 같은 시대에도 그런 삶이 가능할까요?"

그렇습니다. "우리가 어린아이였다면!" 이렇게 강변하는 사람들의 서러운 심정을 이해할 수 있습니다. 그러나 사도들뿐만 아니라 예수님이 우리에게 계속해서 들려주시는 다른 말씀도 들으십시오. 주님은 우리가 어린아이와 같아야 한다고 하실 뿐만 아니라 우리가 하늘에 계신 아버지의 자녀라고 말씀하십니다. 하나님의 자녀로서 우리가 그분의 음성을 들어야 하며 그분의 뜻을 따라야 한다고 말씀하십니다. 하나님의 자녀들에게 전하는 기쁜 소식이 오늘 사도 바울이 전하는 말씀임을 믿으십시오. 그리스도 예수 안에서 우리를 향한 하나님의 뜻입니다.

"항상 기뻐하라." 이제 귀를 열어 하나님이 우리에게 주시는 말씀을 들으려 애써 봅시다. 그 말씀은 자연스럽게 듣고 이해할 수 있는 것이 아니라, 우리에게 낯설며 기이한 것이기 때문입니다. "항상 기뻐하라"는 말씀은 분명 기이한 말씀입니다. 우리가 밤이면 밤마다 베를린 거리에서 자신들의 '기쁨'을 찾아 헤매는 사람들처럼 기뻐해야 한다는 말일까요? 물론 그렇지 않습니다. 그들은 불에 타서 죽는 줄도 모르고 밤마다 불 주위를 맴돌며 춤추는 불나방과도 같습니다.

그리스도인의 기쁨은 이런 기쁨과는 전혀 다릅니다. 그리스도인의 기쁨은 우울한 회색빛 일상의 끝에 맛보는 홀가분함과도 다릅니다. 우리가 흔히 기쁨이라고 칭하는 것들은, 그것이 비록 우리를 진정 기쁘게 했을지라도, 이 세상의 다른 일들이 그러하듯, 우리에게 어두운 기억만 남긴 채 시간이 흐르면서 사라져 버리고 맙니다. 우리가 지난날 일상에서 그리고 직장에서 맛보았던 아름다운 시간들과 그 기쁨은 지금 어디로 가버렸습니까? 결코 다시 반복되지 않습니다. 어느 시인은 이렇게 노래했습니다. "지나간 날이 아무리 아름다웠던들, 결코 그 모습 그대로 다시 돌아올 수는 없네."

오늘 본문은 모든 시간, 인생 전체를 통해 유효한 기쁨에 대해 말하고 있습니다. 이 기쁨은 시간과 함께 흘러가 버리지 않으며 영속하는 기쁨입니다. 그 기쁨의 근원은 더 이상 변함도 없고 시간에도 제한받지 않으시는 아버지의 마음에 있기 때문입니다. 하나님의 마음에 머무를 때, 다른 모든 것은 언젠가 사라질 헛된 세상을 붙잡기 위해 안달하는 위험한 유희에 지나지 않는 것으로 퇴색합니다. 하나님의 마음에 머무를 때, 우리는 아버지이신 하나님 앞에 전(全) 인격체로 서게 되며, 우리 마음은 전에 알지 못하던 기쁨, 우리 삶을 내면으로부터 완전히 뒤집어 버릴 기쁨으로 충만하게 됩니다.

이런 기쁨을 방해하는 단 하나의 적이 있다면, 그것은 인간을 세상에 붙잡아 매어 종노릇하게 하고 두려워하게 만드는 염려와 근심입니다. 사람은 두려움에 떠는 존재가 아니라 기뻐해야 하는 존재입니다. 우리에게는 영원하신 한 분 아버지가 계시기 때문입니다.

그러나 어떻게 해야 우리의 괴롭고 무거운 마음이 기쁨을 얻을 수 있습니까? 어떻게 해야 기쁨을 발견할 수 있습니까? 밖으로 나가서 뛰어노는 아이들의 모습을 지켜보십시오. 아이들이 환호성을 지르며 기뻐하는 모습을 보십시오. 들판으로 나가서 새들이 창공을 날아올라 태양 속에서 기뻐하는 모습을 보십시오. 그 기뻐하는 모습을 바라보고 또 바라보십시오. 그리고 그들과 함께 기뻐하십시오. 그들처럼 아버지의 정원에서 기쁘게 뛰어노는 아이가 되십시오. 무엇보다 아이들을 사랑하고 새들을 사랑하며 꽃들을 사랑했던, 아버지의 기뻐하시는 아들로서 여러분의 구원자가 되신 그분, 예수 그리스도께로 향하십시오. 아버지 하나님은 예수님 안에서 여러분을 만나 주시며, 아버지 하나님은 예수님 안에서 여러분 가까이 다가오십니다. 그러므로 예수님 안에 모든 기쁨의 이유가 있고, 기쁨의 원천이 있습니다. 결국 기뻐한다는 것은 예수 그리스도 안에서 하나님을 가까이하는 데서 오는 기쁨을 일컫는 말입니다.

여기에 기쁨의 척도라든가 기쁨의 목적이라는 것이 있을 수 없습니다. 예수 그리스도 안에서 항상 기뻐할 뿐입니다. 고난이 없어진다는 말이 아닙니다. 상황이 심상치 않고 어려움이 닥치며 모든 것이 무너져 버릴 듯하고 몰락해 버릴 듯한 위험이 몰아치더라도 마찬가지입니다. 하나님은 여전히 그곳에 계시기 때문입니다. 하나님이 그리스도 안에서 손을 내밀어 나를 붙잡아 주시며, 내 마음을 강하고 흔들림 없게 하시기 때문입니다. 하나님과 구원의 주 예수 그리스도는 어떤 고난 속에서도, 모든 눈물 속에서도 나와 함께하시며 기쁨을 주십니다. 한치 앞을 내다볼 수 없을 만큼 우리의 갈 길이 어둡더라도, 짙은 먹구름이 무겁게 드리우더라도, 우리는 이미 저 멀리에서 밝게 빛나는 본향의 빛을 보았습니다. 우리는 이 세상 나그네의 삶이 언젠가는 끝나게 될 것을 알고 있습니다. 우리는 모든 두려움과 수고에서 구원을 얻게 될 날, 우리 주 예수 그리스도 안에 있는 장차 올 날을 예감하며 그로 인해 기뻐합니다.

그럼에도 불구하고 이 땅에서 오늘을 살아가는 우리 성도들은 여전히 힘든 표정으로 머리를 떨군 채 두려워하며 이리저리 방황하고 있습니다. 근심에 짓눌리고 양심이 괴롭습니다. 그러면서 우리는 삶에 대해 진지한 사람은 이렇게 사는 것이 마땅하다고 생각합니다. 그러나 하나님은 그리스도 안에서 우리에게 기쁨의 마음을 주시는 분입니다. 그분의 능력은 우리의 고난보다 크시며 그분의 은혜는 우리의 양심보다 강합니다. 우리는 자녀로서 아버지 가까이 나아가며 그분과 교제할 수 있습니다. 사랑하는 여러분, 모든 근심과 염려를 떨쳐 버리십시오. 경건한 체하는 모든 가식을 벗어던지십시오. "우리로 단순하게 하시고, 여기 이 땅에서 어린아이처럼 천진난만한 모습으로 당신 앞에서 기뻐하게 하소서"라고 했던 어느 시인처럼 기도해 봅시다.

성도의 삶에 마땅히 나타나야 할 커다란 내면의 기쁨은 성도의 마음에 자리 잡고 있는 두 가지 강력한 삶의 태도에 토대를 두고 있습니다. 사도 바울은 이것을 그리스도 안에서 계시된 하나님 뜻의 실현이라는 관점에서 봅니다.

"쉬지 말고 기도하라." 그 둘 중 하나는 바로 쉬지 말고 기도하는 자세입니다. 그러나 이 말씀을 듣는 순간 우리 마음에는 이미 거부감이 일고 있는 것을 감지하게 됩니다. "그런 말씀은 듣고 싶지 않습니다. 우리는 사람들이 일하기를 원하며 그들의 책임을 다하기를 원합니다. 그런 후에 시간이 남더라도 기도하는 것은 그다지 중요하게 보이지 않습니다." 오늘날 우리는 기도가 결코 중단되지 않고 기도의 끈이 한없이 이어져서 하늘로 향하게 하는 것을 유일한 과업으로 삼았던 중세 시대 수도원 같은 곳을 세울 수는 없습니다. 수도원에서와 같은 기도의 삶은 차치하고서라도, 우리 시대는 기도가 차지할 자리가 거의 없습니다. 우리 시대에 기도는 너무나 낯선 단어가 되고 말았습니다. 주위를 둘러보면 사람들이 불안에 떨고 있는 것처럼 보이지 않습니까?

그러나 지금 우리는 다른 사람들이 어떠한지에 대해 말하려는 것이 아닙니다. 우리 자신의 모습은 어떻습니까? 우리는 얼마나 무기력하고 태만하며, 얼마나 무감각하고 피곤에 찌들어 있습니까? 미지근한 마음으로 단 몇 마디 기도를 하는 것에도 얼마나 어려움을 느낍니까? 간절히 기도하고 싶지만, 끝내 기도하지 못하는 것이 바로 우리의 모습입니다. 그러다가 한 번이라도 하나님께 기도하는 마음이 뜨거워져서, 하나님이 정말 살아 계시며 지금도 말씀하고 계신다는 사실을 느끼는 순간은 엄청난 체험이 됩니다. 하나님은 우리가 마음 깊은 곳에서 우러나오는 한마디 말을 하기까지, 하나님이 들으시도록 그분의 이름을 부르기까지, 기다리고 또 기다리고 계신다는 사실을 느끼는 순간은 진실로 엄청난 체험이 되는 것입니다. 우리 가운데 얼마나 많은 사람들이 이런 기도의 부족과 기도의 상실로 인해 괴로워하고 있습니까?

그러나 한 가지 분명한 사실은 그리스도인의 삶에서 죽고 사는 문제가 기도에 달렸다는 것입니다. 기도는 성도의 삶에서 심장과도 같습니다. 이 사실은 오늘 우리에게 다시 한 번 아주 분명하고 진지하게 선포되어야 할 것입니다. 마르틴 루터는 구두장이가 신발을 만들고 재단사가 옷을 만들듯이, 그리스도인은 기도해야 한다고 말했습니다. 기도하지 않는 사람은 그리스도인이라 할 수 없습니다.

오늘날 이 말이 무슨 뜻인지 이해하는 사람들이 매우 적은 이유는 기도가 무엇인지 알지 못하기 때문입니다. 기도란 간구하는 것만을 뜻하지 않으며, 또한 감사하는 것만을 뜻하지도 않습니다. 오늘 본문에서 사도 바울은 감사에 관해 나중에 가서야 말하고 있습니다.

기도란 우선 하나님이 하시는 말씀을 조용히 듣는 것이며, 또 그 말씀에 대해 말로든 행동으로든 응답하는 것입니다. 기도란 자신의 삶을 하나님께 드리는 것이며, 그리스도를 통해 우리에게 주어진 말씀에 의지하여 우리 인생을 하나님께 온전히 맡기고 헌신하는 것입니다. 기도란 하나님의 마음에 우리 자신을 던지고 하나님과 함께 자라 가며 하나님의 살아 계심을 우리 삶 속에서 느끼는 것입니다. 기도란 하나님이 우리 가까이 다가오셨기 때문에 하나님 가까이 나아가는 것이며 하나님 가까이 머물고자 하는 것입니다.

그리스도께서 계시므로 우리는 기도할 수 있습니다. 그리스도를 통해 우리가 하나님을 아버지라 부를 수 있기 때문입니다. 그러므로 "쉬지 말고 기도하라"는 말씀은 우리 삶 자체가 온전히 기도가 되게 하라는 말입니다. 우리 삶이 전적으로 하나님께로 향하게 하며, 우리 삶 전체가 그리스도 안에 있는 하나님의 말씀에 대한 응답이 되게 하라는 말입니다.

그리스도는 우리 기도의 능력이 되십니다. 이런 기도의 능력으로만 우리는 쉬지 않고 기도할 수 있습니다. 그리스도께서 우리를 아버지께로 인도해 주시는 우리의 능력이 되시므로, 기도는 우리를 기쁘게 하며 강하게 합니다. 그러므로 기도하는 사람은 더 이상 슬퍼할 수 없으며, 두려워할 수 없습니다. 기도 속에 그리스도께서 계시며 하나님이 우리 가까이 계십니다.

우리가 두렵고 떨림으로 우리 죄를 하나님 앞으로 들고 나아올 때에, 우리는 다만 멀리 서서 하나님께 기도하고자 하지만, 하나님은 우리를 하나님 가까이로, 아주 가까이로 이끄시고 하나님의 마음 안에 우리를 고이 품어 주십니다. 우리의 모든 슬픔을 위로하시며 우리의 근심을 몰아내 주십니다. 우리가 진실로 하나님을 찾기만 하면, 하나님은 이렇게 우리 죄를 용서하시고, 우리 마음에 기쁨을 부어 주시는 것을 체험하게 됩니다. 기도 속에서 우리는 기쁨을 얻습니다. 그러므로 쉬지 말고 기도하십시오. 여러분의 인생을 하나님께 드리고 하나님을 향하여 살아가십시오. 우리가 하나님께로 향하면, 하나님도 우리를 가까이 하십니다.

우리 전 인생을 하나님의 손에서 항상 새롭게 받아들이는 겸허한 자세가 없고서야 어떻게 이런 삶을 살아갈 수 있겠습니까? 하나님이 우리 인생을 그분의 강한 팔로 붙드시고 인도하시며 보호하신다는 사실을 확신하지 않고서야 어떻게 이런 삶이 가능하겠습니까?

이 말이 뜻하는 바를 달리 표현해 봅시다. 그것은 우리가 근본적으로 감사하는 사람이 아니라면 결코 이런 삶을 살 수 없다는 말입니다. 여기에서 우리는 그리스도인의 기뻐하는 삶의 또 다른 튼튼한 뿌리가 하나님께 뿌리박고 있다는 사실을 알게 됩니다. "범사에 감사하라." 여기에서 '범사에'라는 말이 중요합니다. 왜냐하면 우리 모두 한번쯤은 감사로 충만한 마음으로 하나님을 우러러보던 생애 최고의 시간, 온 세상이 간데없고 오직 하나님 가까이 있는 듯한 아름다운 시간을 경험해 본 적이 있기 때문입니다. 그러나 이런 시간은 우리가 진정으로 감사하는 사람인지 확증해 주지 못합니다.

이방인들도 좋은 선물을 받으면 자신의 신들에게 감사할 줄 압니다. 그러므로 '범사에 감사하라'는 말에 놀라운 기독교적인 가치가 숨어 있습니다. 이 진리는 보통 사람들에게는 모순으로 보이며 불합리하게 보일 뿐입니다. 범사에 감사하는 삶이란 근심과 어려움이 겹겹이 쌓이고 굴욕과 수치, 굴종의 시간이 찾아왔을 때, 도리어 겸손히 자신을 낮추고 하나님의 손에서 자기 인생을 다시 한 번 새롭게 받아들이며 하나님 곁에 머무르는 것이기 때문입니다.

동양에 살았던 위대한 교부에 관한 이야기가 전해져 옵니다. 고난과 감옥살이로 삶을 마감해야 했던 그의 입술에서 마지막으로 나온 말은 "모든 일에 하나님께 감사를!"이었습니다.

여기에서 감사는 믿음의 다른 표현일 뿐입니다. 하나님이 한순간 숨어 버리신 듯이 보일지라도 믿음이 흔들리지 않고 눈물 속에서도 기뻐할 수 있는 것은, 그의 구원자이신 그리스도를 알고, 인생의 기초가 온전히 그리스도 안에 있으며, 확고하게 복음의 기쁜 소식을 붙들고 있기 때문입니다. "지금 이 순간 주님의 능력을 전혀 느끼지 못하더라도, 주님은 어두운 밤을 통해서도 저를 최종 목적지로 인도하십니다"(J. Hausmann, 1862). "모든 일에 하나님께 감사를!" 모든 일에 하나님께 감사를 드리는 삶에서 참된 기독교가 드러나며 우리 믿음은 확증을 얻습니다. 모든 일에 하나님께 감사를 드리는 삶을 통해, 복음이 기이하게 숨겨져 있는 곳에서도 기쁨의 소식인 복음을 항상 새롭게 영접하는 역사가 일어나며, 결코 마르지 않는 기쁨의 원천이 활짝 열리게 됩니다.

우리는 감사란 자신을 낮추는 행위이며 자립적이지 못한 삶을 살게 한다는 생각을 품곤 했습니다. 그리고 이런 생각은 우리가 감사하지 않는 삶을 살도록 했습니다. 그러나 바로 그 반대가 진실입니다. 감사는 우리를 부유하게 하며 삶에 활력을 공급해 줍니다. 감사할 때에 우리는 무엇이나 받을 준비가 되어 있기 때문입니다.

우리가 감사하는 사람이라면, 하나님께 우리 마음속의 빈 방을 내어 드리게 됩니다. 그 빈 방에 하나님이 온전히 거하실 수 있도록 해드리며, 믿음 안에서 하나님을 모시고 살며, 하나님께로 가까이 나아가게 됩니다. 그러면 우리는 부유해지고 강해집니다. 다함이 없는 능력이 하나님께로부터 흘러나와 우리의 전 인생을 변화시키기 때문입니다. 결국 우리는 그리스도 안에서, 하나님으로 인해, 항상 기뻐하며, 쉬지 않고 기도하며, 범사에 감사하는 삶을 살게 됩니다.

오늘 우리에게 주시는 말씀은 사도 바울이 모든 믿는 자의 모범이며, 그의 기쁨, 그의 자랑, 그의 면류관, 그의 영광이라고 칭했던 교회에게 쓴 편지였습니다. 그 정도의 교회라면 이런 말을 해도 될 것이라고 생각하십니까? 우리는 그만큼 훌륭한 교회가 못 된다는 사실을 잊지 말기 바랍니다. 우리가 교회를 향한 하나님의 목적지에서 한참 빗나가 있음을 조용히 고백합시다. 성도의 기쁨, 기도하는 성도의 삶, 믿음으로 하나님을 영접하며 감사하는 삶에 대해 우리는 무엇을 알고 있습니까? 기쁜 소식에 관해 아는 만큼 실제 삶 속에서 실현하고 있는 것이 도대체 무엇입니까? 우리는 삶에 대한 두려움과 염려에 깊이 빠져 있습니다. 그러나 바로 이런 현실이 우리로 하여금 기뻐하는 것이 하나님의 뜻이라는 사도 바울의 말을 어렴풋이나마 깨닫도록 도와줍니다. "영원한 나라의 하나님이 우리 삶 가운데 항상 기뻐하는 마음과 풍성한 평화를 주시기를"(M. Rinckart, 1636)이라는 찬양의 가사처럼 기도할 수 있도록 해줍니다.

우리가 여전히 약하고 지쳐 있을지라도, 우리는 말씀대로 자라가야만 합니다. 우리는 하나님의 방법으로 일해야 합니다. 그 방법이란 우리에게 주어진 기쁜 소식을 바라보며, 순결한 마음과 기쁜 마음으로 이렇게 고백할 수 있기까지, 오직 하나님이 우리를 이끌어 주시기를 기도하며 일하는 것입니다.

"기쁨으로 요동치는 내 마음에는
슬픔이 깃들 수 없습니다.
기쁨에 넘쳐 노래하면
밝은 햇빛이 나를 보고 있습니다.
나를 보며 밝게 웃는 태양은

내 주 예수 그리스도이십니다.

나로 노래하게 하는 것은

하늘에 있는 것입니다"(P. Gerhardt, 1653).

일곱 번째 메시지
하나됨의 코이노니아를 이룰 수 있을까?

여러분이 기독교가 무엇이냐고 묻는다면,
저는 기독교는 하나님 앞에서 자신을 낮추고,
모든 소망과 믿음을 하나님의 사랑과 도우심에 의지하는
허다한 사람들의 모임이라고 말하겠습니다.

기독교는 형제가 자기 형제를 위해 책임을 지듯이,
한 사람이 다른 사람을 위해 책임을 지는
성도의 코이노니아입니다.

기독교는 믿음과 사랑 안에서 하나가 된,
온 세상 모든 나라 사람들로 이루어진 거대한 한 백성입니다.
우리에게는 한 분 하나님과 한 분 주님,
하나의 믿음과 하나의 소망이 있기 때문입니다.

1930년 11월 9일, 뉴욕[*]

요한일서 4장 16절

하나님이 우리를 사랑하시는 사랑을 우리가 알고 믿었노니 하나님은 사랑이시라 사랑 안에 거하는 자는 하나님 안에 거하고 하나님도 그의 안에 거하시느니라.

지금 막 독일에서 건너와 미국 그리스도인들의 교회 설교단에 서 있는 저의 심정은 말로 표현하기 어렵습니다. 이 시간에 저는 전 세계에 편만한 우리의 믿음과 소망에 대해 생각하게 됩니다. 별들이 반짝이는 하늘 저편에 거하시며 온 세상 자녀들을 굽어보시는 하나님 아버지의 경륜을 생각할 때, 저는 감동으로 마음이 벅차오릅니다. 그분의 자녀들은 미국에도 살고 있고, 독일에도 살고 있으며, 인

---

[*] 본회퍼는 목사로 섬길 수 있는 자격은 갖추었으나, 단독으로 목사직을 수행하기에는 나이가 너무 어리다고 판단해, 한 해 동안 미국 뉴욕으로 건너가서 유니언대학 신학부 연구과정을 이수하게 된다. 이 시기에 미국인 교회에서 행한 주일 메시지다.

도나 아프리카에 살고 있기도 합니다. 사도 바울이 말했듯이, 유대인이나 헬라인, 자유자나 노예의 구별이 없으며, 남자와 여자의 구별도 없습니다. 우리는 모두 예수 그리스도 안에서 하나이기 때문입니다.

하나님은 우리가 모두 그분을 찾을 수 있는 희귀하고 기이하면서도 놀라운 표적을 이 세상에 세워 놓으셨습니다. 그것은 바로 예수 그리스도의 십자가입니다. 고난당하시는 하나님의 사랑의 십자가입니다. 그리스도의 십자가 아래서 우리는 모두 서로에게 속하며, 같은 필요를 느끼고 같은 소망을 품은 형제와 자매입니다. 우리는 같은 운명의 끈으로 서로 연결되어 있습니다. 다시 말해, 우리는 모두 고난도 있고 기쁨도 있으며, 근심도 있고 소원도 있으며, 실망을 느끼기도 하고 풍성함을 느끼기도 하는 인간일 뿐만 아니라, 무엇보다 죄와 허물 속에서도 믿음과 소망을 간직한 인간이라는 말입니다. 그리스도의 십자가, 말로는 표현할 수 없는 그리스도의 고난 앞에서 우리가 가진 표면적인 차이는 사라져 버리고 맙니다. 우리는 더 이상 부유한 자도 가난한 자도 아니며, 지혜로운 자도 무지한 자도 아닙니다. 우리는 선하지도 악하지도 않습니다. 우리는 더 이상 미국인이나 독일인이 아니며, 다만 셀 수 없이 많은 교회의 지체들 가운데 한 형제들로 함께 모여 있습니다.

우리는 하나님 앞에서 선한 자가 없음을 알고 있습니다. 사도 바울은, 우리 모두가 죄인이며 하나님의 영광에 이를 수 없었는데, 아무 대가도 치르지 않고 은혜로 값없이 의롭다 함을 얻었다고 했습니다. 아무 죄 없이 십자가를 지시고 고통당하신 그리스도, 십자가에서 자기 생명을 산 제물로 바치신 그리스도의 사랑을 바라봅시다. 왜 그렇게 하셨습니까? 예수님이 자기 백성을 목숨보다 더 사랑하셨기 때문입니다.

이제 우리 자신의 연약함과 용기 없는 모습, 고난과 근심이 찾아올 때 두려워하는 모습, 이기적인 소원으로만 가득한 모습, 아무 염려 없이 안락한 삶을 살고 싶어 하는 모습에 대해서도 생각해 봅시다. 그러면 우리 그리스도인들은 마음 깊이 부끄러움을 느끼며, 하나님의 저 큰 사랑에 합당하지 못한 자신의 모습을 고백해야 할 것입니다.

여러분이 기독교가 무엇이냐고 묻는다면, 저는 기독교는 하나님 앞에서 자신을 낮추고, 모든 소망과 믿음을 하나님의 사랑과 도우심에 의지하는 허다한 사람들의 모임이라고 말하겠습니다. 기독교는 형제가 자기 형제를 위해 책임을 지듯이, 한 사람이 다른 사람을 위해 책임을 지는 성도의 코이노니아입니다. 기독교는 믿음과 사랑 안에서 하나가 된, 온 세상 모든 나라 사람들로 이루어진 거대한 한 백성입니다. 우리에게는 한 분 하나님과 한 분 주님, 하나의 믿음과 하나의 소망이 있기 때문입니다.

이것은 하나님의 백성들에게 있는 놀라운 비밀입니다. 인종이나 국적, 전통과 풍속의 모든 차이를 초월하여 하나님의 자녀들이 나누는 보이지 않는 성도의 교제가 있습니다. 성도의 교제 안에서 각 개인은 다른 사람을 위해 기도합니다. 그는 미국인 혹은 독일인 혹은 아프리카인일 수 있습니다. 이 성도의 교제 안에서 각 개인은 다른 사람을 조건 없이 사랑합니다. 이 시간 우리 모두가 이런 교회에 속해 있다는 사실에 대해, 하나님이 우리를 그분의 자녀로 부르시고 서로 형제가 되게 하신 사실에 대해, 미움이나 적대감은 버리고 서로를 이해하려는 선한 의지만을 품게 하신 것에 대해 감사합시다. 혹시라도 그렇지 않다면 우리는 그리스도인이라 불릴 자격이 없으며, 미움의 하나님이 아니라 사랑의 하나님이신 우리 하나님의 영광을 가리고 하나님을 슬프시게 하는 것입니다.

저는 오늘 단지 한 사람의 그리스도인으로 여러분 앞에 서 있는 것이 아닙니다. 저는 자기 고향을 그 무엇보다 사랑하는 독일인으로서, 자기 민족과 함께 기뻐할 뿐만 아니라 자기 민족과 함께 고난받으며, 자기 자신과 자신이 가진 모든 것을 자기 민족으로부터 받았음을 감사함으로 고백하는 독일인으로서 이곳에 서 있습니다. 그러므로 저는 오늘 아침 여러분에게 두 가지 메시지를 전합니다. 그 하나는 독일의 메시지이며, 다른 하나는 독일 기독교의 메시지입니다. 저는 여러분이 이 메시지를 그리스도인의 마음으로 듣게 되기를 바랍니다. 그 누구라도 항상 이해하고 사랑할 준비가 되어 있는 그리스도인의 영혼으로 듣게 되기를 소망합니다.

    1차 세계대전의 종전을 선언한 1918년 11월 11일, 독일에서는 역사상 전례가 없었던 끔찍한 4년 동안의 전쟁이 막을 내렸습니다. 우리는 하나님이 원하시면 그런 시간이 결코 다시 반복되지 않기를 기도하고 있습니다. 그 4년 동안 독일의 장년들과 청년들은 꺾일 줄 모르는 강인함과 용기로, 자신의 의무를 다하겠다는 확고한 의지로, 엄청난 자제력과 조국을 향한 뜨거운 사랑으로, 미래에 대한 믿음을 품고 조국을 위해 책임을 다했습니다. 이들은 몇 주, 아니 몇 달이라도 각양각색의 궁핍을 참고 견뎠습니다. 배고픔과 목마름, 육체적 아픔과 고통을 겪었으며, 고향을 향한 그리움, 어머니와 아내, 형제자매, 자녀들을 향한 그리움으로 힘들어했습니다. 독일 땅에 살고 있는 사람이라면, 젊은이든 노인이든 구별 없이 눈물을 흘려야 했습니다. 날마다 천 가구 이상의 가정에 남편이나 아버지, 오빠나 형이 낯선 나라에서 전사했다는 소식이 날아들었습니다. 이런 가슴 아픈 소식을 접하지 않은 가정이란 거의 찾아볼 수 없을 정도였습니다. 죽음의 사자는 거의 모든 집에 찾아왔고, 그 집 안으로 들어오려 했습니다. 한번은 수천 명에 달하는 열일곱, 열여덟 꽃다운 소년들이 불과 몇 시간 동안에 몰살당했다는 소식이 날아들었습니다. 독일은 슬픔의 집이 되었습니다. 붕괴 직전이었습니다. 굶주림과 허약함은 온 민족을 소멸시켜 버릴 듯 강력했습니다.

이런 나날을 보내면서 우리 독일인들이 느껴야 했던 감정에 대해서는 이야기하지 않아도 충분히 이해가 되리라 생각합니다. 이 시기에 대한 기억은 어둡고 슬프기만 합니다. 오늘날 독일에서 그 시절에 대해 이야기하는 사람은 거의 찾아볼 수가 없습니다. 과거의 아픈 상처를 다시 열고 싶어 하지 않는 것입니다. 우리가 어떻게 느끼든 전쟁은 이미 끝났고 소름 끼치는 살인과 죽음의 시간은 지나갔습니다. 하지만 우리의 감정은 여전히 혼란과 충격에 휩싸여 있고, 지난 수년간 겪은 일들의 의미를 아직은 충분히 이해하지 못하고 있습니다.

그러나 우리 그리스도인들은 시간이 지나면서 조금씩 분명하게 볼 수 있게 되었습니다. 전쟁의 경과와 종국을 진지하게 지켜보던 독일의 그리스도인들은 타락한 세상 위에 임한 하나님의 심판, 특히 우리 민족 위에 임한 하나님의 심판을 깨닫게 되었습니다. 전쟁이 일어나기 전, 우리는 하나님으로부터 너무 멀리 떨어져 있었습니다. 우리는 자신의 강함과 능력, 정직성을 지나치게 신뢰했습니다. 우리는 강하고 선한 민족이고자 했습니다. 그러나 우리는 이런 노력을 경주하는 자신의 모습에 대해 몹시 자만했습니다. 우리는 우리의 학문적, 경제적, 사회적 진보를 대단히 자랑스러워하며, 이런 진보를 하나님 나라의 도래와 동일시했습니다. 우리는 이 세상에서 너무 행복했고, 모든 것이 만족스러웠습니다. 우리의 영혼은 지나치게 이 세상에 안주하고 있었습니다.

그때 이 엄청난 재난이 찾아왔습니다. 우리는 인간의 연약함과 무능함을 절감해야 했습니다. 우리는 갑자기 꿈에서 깨어났습니다. 하나님 앞에서 우리 죄를 인식했고, 전능하신 하나님의 손아래 우리 자신을 낮추게 되었습니다. '죄'에 대해 말할 때, 저는 신중하게 '하나님 앞에서'라는 말을 사용했습니다.

전쟁이 발발한 원인을 정확하게 이해하고 있는, 역사에 대해 어느 정도 식견이 있는 사람이라면, 그가 독일인이든 외국인이든 전쟁의 책임이 독일 측에만 있다고 믿는 사람은 아무도 없음을 분명하게 말해 두려 합니다. 그럼에도 불구하고 독일은 전쟁의 모든 책임을 지고 베르사유 성에서 체결된 조약에 강제로 서명해야 했습니다.

다른 한편으로 저는 독일이 죄가 없는 유일한 나라라고 생각하지도 않습니다. 그러나 그리스도인으로서 저는 아주 다른 시각으로 독일의 죄를 봅니다. 그것은 자신을 기쁘게 하고자 했고, 자신의 능력을 지나치게 믿었으며, 하나님 앞에서의 경외심과 하나님에 대한 믿음과 겸손한 자세가 부족했던 모습입니다. 저는 이것을 우리 독일이 겪어야 했던 불행한 전쟁의 의미가 아닐까 생각합니다.

우리는 인간의 한계를 알아야만 합니다. 이 말을 달리 표현한다면, 우리는 하나님의 영광과 전능하심, 하나님의 진노와 은혜를 다시금 발견해야 합니다.

전쟁이 끝난 1918년 11월 11일은 새로운 고통과 근심이 시작되는 시간이기도 했습니다. 전쟁이 끝난 첫해에 우리는 공공생활이 얼마나 피폐해졌고 손상되었는지 볼 수 있었습니다. 수입 봉쇄로 인한 전반적인 궁핍은 끔찍한 결과를 초래했습니다. 독일은 굶주림으로 점점 지쳐 가고 있었습니다. 영양실조에 시달리는 사람들과 창백하고 병든 아이들을 거리에서 쉽게 볼 수 있었습니다. 자살하는 사람들의 수는 놀라울 정도로 증가했습니다. 현재 독일의 상황에 대해 잘 아는 사람이라면, 몇 가지 외적 변화는 무시하더라도 사회적 조건들이 10년 전이나 12년 전에 비해 매우 나빠졌다는 사실을 알 것입니다. 전쟁 배상금은 경제적인 측면뿐만 아니라 삶의 전반적인 영역에서 우리 마음을 무겁게 누르고 있습니다. 아무리 일해도 소망이 없다는 사실을 직면해야 하기 때문입니다. 우리 자녀들을 위해, 우리 미래를 위해, 사회적·경제적으로 안정감을 줄 수 있는 토대를 구축

한다는 것은 불가능하게만 보이기 때문입니다.

오늘날 독일인들은 고난받는 백성입니다. 그러나 그들은 완전히 절망하지는 않을 것입니다. 그들은 새롭고 더 나은 고향을 위해 일할 것이며, 자신이 사는 나라의 평화를 위해 일할 것입니다. 그들은 온 세상의 평화를 위해 일할 것입니다.

이곳 미국에 와서 머무는 동안, 저는 반복해서 던져지는 질문으로 인해 놀랐습니다. 그것은 독일인이 미래의 전쟁에 대해 어떻게 생각하느냐는 질문이었습니다. 저는 여러분에게 진실을 말하고자 합니다. 독일인은 전쟁에 대해 전혀 말하고 있지 않으며, 전쟁에 대해 생각조차 안 하려고 합니다. 여러분은 독일 땅에서 전쟁에 대해 말하는 것을 거의 들을 수 없을 것이며, 미래의 전쟁에 대해 말하는 것을 듣게 되는 일은 더더욱 없을 것입니다.

우리는 한 민족에게 전쟁이 무엇을 의미하는지 알고 있습니다. 어린 시절부터 저는 일 년에 한 번씩 전국을 걸어서 순례하곤 했습니다. 그러면서 저는 사회 여러 계층의 사람들을 잘 알게 되었습니다. 저는 무수한 밤을 농부 가정의 화롯가에 모여 앉아 다음 세대와 그들에게 주어질 기회가 무엇인지에 대해 이야기하곤 했습니다. 대화 중에 전쟁에 관한 이야기를 나누기도 했는데, 그때 저는 지난 전쟁이 각 사람들의 마음에 얼마나 깊은 상처를 남겨 놓았는지를 볼 수 있었습니다. 독일 민족은 진정으로 평화가 필요하며 무엇보다 평화를 원하고 있습니다.

저는 기독교 성직자의 한 사람으로서 우리 교회에게 주어진 가장 큰 과제 중의 하나가 여기에 있다고 생각합니다. 그것은 각 나라에서, 그리고 전 세계에서 평화의 작업을 강화시키는 것입니다. 그리스도를 믿는 민족이 그리스도를 믿는 다른 민족과 싸우며, 형제가 형제를 대적하여 싸우는 일은 결코 다시 일어나서는 안 될 것입니다. 그들에게는 같은 아버지가 계시기 때문입니다. 우리 교회는 이런 일을 이미 국제적으로 시작했습니다.

그러나 제가 보기에 이런 일보다 더욱 중요한 것은 각 그리스도인들이, 그가 소년이든 소녀든, 모든 개인적이고 민족적인 소원을 뛰어넘어 그리스도 안에서 하나가 되는 위대한 이상을 진지하게 받아들이는 것이라고 생각합니다. 그 이상이란 온 세상이 그리스도 안에서 하나의 백성이 되는 것이며, 전 인류의 코이노니아를 실현하며, 이웃 사랑을 실천하는 것입니다.

사도 바울은 이렇게 말했습니다. "사랑은 오래 참고 사랑은 온유하며 시기하지 아니하며 사랑은 자랑하지 아니하며 교만하지 아니하며…모든 것을 참으며 모든 것을 믿으며 모든 것을 바라며 모든 것을 견디느니라 사랑은 언제까지나 떨어지지 아니하되"(고전 13:4-

8). 언젠가 우리에게는, 그가 남자든 여자든, 소년이든 소녀든, 그가 미국에 살든 독일에 살든, 러시아에 살든 인도에 살든, 아무 구별 없이 각 사람에게 심판의 날이 임한다는 사실을 기억합시다. 그날에 하나님은 우리의 믿음과 사랑을 척도로 심판하실 것입니다. 자기 형제를 미워하는 사람이 어떻게 하나님의 은혜를 기대할 수 있겠습니까?

그리스도인으로서 그리고 독일인으로서 여러분에게 전하는 저의 메시지는 이것입니다. 우리 서로 사랑합시다. 믿음과 사랑 안에서 하나님 아버지와 주 예수 그리스도, 거룩하게 하시는 능력이신 성령님과 함께 거룩한 그리스도의 나라, 코이노니아를 이루어 갑시다. 이 일을 함께 이룰 수 없을 정도로 가난하거나 비천한 사람은 아무도 없습니다. 이 일에는 모든 사람의 의지와 힘이 필요합니다.

저는 이제 특별히 장차 이 나라의 지도자가 되고, 미국 사회의 문화를 책임지고 일구어 나가게 될 청년들을 향해 말하고자 합니다. 우리 독일 민족 중에 여러분의 형제자매들이 있다는 사실, 전 세계 민족들 가운데 여러분의 형제자매들이 있다는 사실을 잊지 말기를 바랍니다. 앞으로 무슨 일이 일어나더라도, 우리 그리스도인들은 하나님의 백성임을 잊지 말도록 합시다. 우리가 하나가 될 때, 민족주의나 인종차별, 계급투쟁 따위가 발붙일 자리가 없으며, 세상은 영원히 평화를 지킬 수 있을 것입니다.

그리스도께서 이 땅에서의 사역을 마감하며 드렸던 기도를 기억하기 바랍니다. "내가 비옵는 것은 이 사람들만 위함이 아니요 또 그들의 말로 말미암아 나를 믿는 사람들도 위함이니 아버지여, 아버지께서 내 안에, 내가 아버지 안에 있는 것같이 그들도 다 하나가 되어 우리 안에 있게 하사 세상으로 아버지께서 나를 보내신 것을 믿게 하옵소서"(요 17:20-21).

모든 지각에 뛰어나신 하나님의 평강이 그리스도 예수 안에서 여러분의 마음과 생각을 지키시기를! 아멘.

여덟 번째 메시지
가난한 자들 속에서 그리스도를 볼 수 있을까?

부자는 누구입니까?

우리는 분명히 부유하지 않습니다.

우리는 포만감을 맛보면서 풍족하게 살고 있지 않습니다.

기쁨과 영화를 누리며 사는 것도 아닙니다.

정말 아닙니까?

여러분이 나사로를 만나게 되더라도 정말 아니라고 할 수 있겠습니까?

아니면 나사로를 만나게 되는 일이 없을까요?

우리가 정말 부자가 아니라고 말할 수 있을까요?

다른 이야기에서 우리는 그 답을 찾을 수 있습니다.

그것은 부자 청년에 관한 이야기입니다.

그는 아주 경건하고 의로운 사람이었습니다.

그러나 자기가 가진 모든 재물을 가난한 자들에게 나누어 주고

예수님을 따르라고 했을 때,

슬퍼하며 주님을 떠났습니다.

그가 부자입니다.

그렇다면 우리는 어떻습니까?

1932년 5월 29일, 베를린[*]

누가복음 16장 19-31절

한 부자가 있어 자색 옷과 고운 베옷을 입고 날마다 호화롭게 즐기더라 그런데 나사로라 이름하는 한 거지가 헌데 투성이로 그의 대문 앞에 버려진 채 그 부자의 상에서 떨어지는 것으로 배불리려 하매 심지어 개들이 와서 그 헌데를 핥더라 이에 그 거지가 죽어 천사들에게 받들려 아브라함의 품에 들어가고 부자도 죽어 장사되매 그가 음부에서 고통중에 눈을 들어 멀리 아브라함과 그의 품에 있는 나사로를 보고 불러 이르되 아버지 아브라함이여 나를 긍휼히 여기사 나사로를 보내어 그 손가락 끝에 물을 찍어 내 혀를 서늘하게 하소서 내가 이 불꽃 가운데서 괴로워하나이다 아브라함이 이르되 얘 너는 살았을 때에 좋은 것을 받았고 나사로는 고난을 받았으니 이것을 기억하라 이제 그는 여기서 위로를 받고 너는 괴로움을 받느니라 그뿐 아니라 너희와 우리 사이에 큰 구렁

---

[*] 1931년에 독일로 다시 돌아온 본회퍼는 대학의 시간 강사로 일하며, 베를린 공대 교목으로 섬긴다. 이때 그는 대학에서의 설교뿐만 아니라 베를린 샬로텐부르트(Charlottenburg)에서 열악한 환경 속에 있는 불우한 청소년들을 섬기는 일에 많은 시간과 마음을 쏟는다.

텅이가 놓여 있어 여기서 너희에게 건너가고자 하되 갈 수 없고 거기서 우리에게 건너올 수도 없게 하였느니라 이르되 그러면 아버지여 구하노니 나사로를 내 아버지의 집에 보내소서 내 형제 다섯이 있으니 그들에게 증언하게 하여 그들로 이 고통받는 곳에 오지 않게 하소서 아브라함이 이르되 그들에게 모세와 선지자들이 있으니 그들에게 들을지니라 이르되 그렇지 아니하니이다 아버지 아브라함이여 만일 죽은 자에게서 그들에게 가는 자가 있으면 회개하리이다 이르되 모세와 선지자들에게 듣지 아니하면 비록 죽은 자 가운데서 살아나는 자가 있을지라도 권함을 받지 아니하리라 하였다 하시니라.

복음을 손으로 만지는 것처럼 이해할 수 있고 또 전할 수 있다면 얼마나 좋겠습니까! 올바른 복음 설교라면 어린아이에게 빨갛게 잘 익은 먹음직스런 사과를 내밀거나, 목마른 사람에게 시원한 물 한 잔을 내미는 것과도 같아야 합니다. 우리가 채워 줄 수 있는 것보다도 더 빨리 손을 뻗어 받고 싶어 하도록, 그렇게 우리는 믿음에 관한 것을 말할 수 있어야만 합니다. 복음이 선포될 때, 사람들이 더 이상 가만히 앉아 있지 못하고 달려오는 장면을 생각해 보십시오. 저 옛날 치유를 바라는 병자들이 이 마을 저 마을로 다니며 병을 고치시던 그리스도를 향해 달려온 것처럼 말입니다. 현실은 그렇지 않음을 우리는 잘 알고 있습니다. 그럼에도 우리는 이런 현실을 당연시하거나 그대로 주저앉아서는 안 됩니다. 왜 그렇게 되었는지를 끊임없이 물어보아야 합니다.

여러 이유들 중의 하나, 어쩌면 단 하나의 이유라고도 할 수 있는 것은, 우리가 복음을 있는 그대로, 아주 명명백백하게 피부에 와닿듯 가까이하는 것을 꺼린다는 것입니다. 우리는 복음을 영적인 것으로 만들어 버렸습니다. 다시 말해서 우리는 복음을 있는 그대로의 복음 그 자체로 보지 않고 왜곡시켜 버리고 말았습니다.

부자와 가난한 나사로에 관한 이야기에서 복음을 들어 보십시오. 흔히들 이 이야기를 부자가 가난한 자를 도와야 한다는 데 강조점이 있는 것으로 이해합니다. 다시 말하면, 사람들은 이 이야기에서 도덕적인 교훈을 끄집어냅니다. 그러나 이 이야기는 전혀 다른 의미를 지니고 있습니다. 이 이야기는 복음의 기쁜 소식을 손에 잡힐 정도로 명백하게 전하고 있습니다. 부자는 지옥에 가고 가난한 나사로는 아브라함의 품에 안겼다는 것입니다. 너무 단순하고 분명해서, 도리어 우리는 이 복음을 있는 그대로 진지하게 받아들이려 하지 않습니다.

한 무리의 병자들과 가난한 사람들, 곤궁에 처한 자들, 가련한 나사로들이 예수님 주위에 모여 앉아 있는 장면을 떠올려 보십시오. 그리고 예수님이 이 사람들을 향해, 만신창이가 된 몸으로 부자의 대문 앞에 누워 있는 가련한 나사로에 대해 말씀하기 시작하시는 장면을 떠올려 보십시오. 심지어 그 집의 개조차도 나사로를 괴롭혔습니다. 그러다가 이야기가 아주 다르게 전개됩니다. 나사로가 죽어 장사되자 천사들에게 이끌려 아브라함의 품에 안깁니다. 나사로는 이 세상에 사는 동안 고난을 받았으나, 이제 위로를 받습니다. 기쁨과 소망의 환호성이 예수님 곁에 모여 이야기를 듣던 무리들 속에서 터져 나왔을 것입니다.

이것이 바로 사람들이 손을 내밀어 간절하게 잡으려 하는 기쁜 소식이자 시원한 냉수입니다. 가난한 자, 곤궁에 처한 자들을 향하여 말씀하시는 하나님의 사랑입니다. "너희 추방되고 쫓겨난 자들아, 너희 불이익을 당하는 자들아, 너희 가난한 자들아, 너희 병든 자들아, 너희 멸시를 받는 자들아, 너희는 위로를 받게 될 것이다. 너희가 세상에서는 많은 고난을 받으나 잠시 후면 영원한 기쁨과 위로가 너희에게 임할 것이다. 멸시받으며 부자의 대문 앞에 누워 있던 나사로를 보라. 그 후에 그가 아브라함의 품 안에서 어떻게 하나님의 위로를 받고 있는지 보라."

"너희 가난한 자는 복이 있나니 하나님의 나라가 너희 것임이요 지금 주린 자는 복이 있나니 너희가 배부름을 얻을 것임이요 지금 우는 자는 복이 있나니 너희가 웃을 것임이요 인자로 말미암아 사람들이 너희를 미워하며 멀리하고 욕하고 너희 이름을 악하다 하여 버릴 때에는 너희에게 복이 있도다 그날에 기뻐하고 뛰놀라 하늘에서 너희 상이 큼이라 그들의 조상들이 선지자들에게 이와 같이 하였느니라"(눅 6:20-23). 누가복음에서는 이렇게 복 있는 자에 관해 노래하고 있습니다. 여기에서는 전혀 영적으로 가난한 자라든지 의에 주리고 목마른 자들에 관해 말하고 있지 않으며 우리가 이 세상에서 눈으로 보는 가난한 자들과 굶주린 자들, 우는 자들에 관해 말하고 있습니다. 모든 시대의 나사로들이여, 너희 복 있는 자들이여, 너희는 아브라함의 품에서 위로를 받게 될 것이라고 말하고 있는 것입니다.

"너희 쫓겨난 자들아, 멸시받는 자들아, 너희 사회의 희생자들아, 너희 실업자들아, 너희 몰락하고 망한 자들아, 너희 소외되고 버림받은 자들아, 너희 박해와 불의로 인해 고난받는 자들아, 너희 몸과 영혼이 고통받는 자들아, 너희에게 복이 있다. 하나님의 기쁨이 너희에게 임할 것이며 영원히 너희 머리 위에 머물 것이기 때문이다!" 이것이 바로 하나님의 세계와 하나님의 질서로 말미암아 새로운 세상, 새로운 질서가 도래할 것이라는 복음입니다. 귀머거리가 들으며, 눈먼 자가 보며, 앉은뱅이가 걸으며, 가난한 자들에게 복음이 선포되는 것입니다.

다음 단계로 넘어가기에 앞서, 나사로 이야기와는 정반대로 전개되고 있는 또 다른 이야기, 아주 무서운 이야기를 한번 들어 봅시다. 거기에 한 부자가 있었습니다. 그는 자색 옷과 고운 베옷을 입고 있었습니다. 그에게도 똑같은 일이 일어났습니다. 어느 날 그도 죽었고 무덤에 묻혔습니다. 죽어서 장사된 것만으로도 이 부자에게는 참혹한 일이었습니다. 그런데 그때부터 그는 지옥에서 타는 목마름을 느끼며 영원히 고통을 당해야 했습니다. 그는 아브라함의 품 안에 있는 나사로를 보았고, 나사로가 잠시만이라도 자신의 갈증을 달래 주기를 간청했습니다. 그러나 그럴 수 없었습니다. 아브라함은 "너는 세상에서 사는 동안 좋은 것을 받아 누렸다는 사실을 생각하라"고 했습니다.

이 말을 들으며 우리는 다음 말씀을 기억하게 됩니다. "화 있을진저 너희 지금 배부른 자여 너희는 주리리로다 화 있을진저 너희 지금 웃는 자여 너희가 애통하며 울리로다"(눅 6:25). "너희 자색 옷을 입고 기뻐하며 너희 인생을 향유했던 자들이여 너희에게 화가 있으리로다. 너희는 영원한 갈증을 겪게 될 것이다"라고 말하는 것입니다. "가난한 자, 쫓겨난 자, 병든 나사로는 어제도 오늘도 복이 있으니, 너희에게는 한 분 하나님이 계신다. 반면 세상의 부귀영화를 누리며 세상에서 명성을 얻고 기쁘게 연락하던 자들에게 화가 있도다." 이

것이 가난한 자들에게 명백하게 선포된 기쁜 소식입니다.

　이 이야기를 계속 풀어 나가기에 앞서, 우리는 어떤 이들로부터 일련의 항의와 반박에 부딪히게 될 것입니다. 이 사람들은 신약성경 위에 서서, 신약성경이 무엇을 말하는지, 또 무엇을 말하지 않는지 판단하는 자들입니다. 그들은 우리가 여기서 다루는 내용은 신약성경의 일부일 뿐이라고 말합니다. 그러므로 이야기를 이런 식으로 풀어 가서는 안 되며, 신약성경이 정말로 말하고자 하는 바를 영적으로 해석해야 한다고 말합니다. 말씀을 한 단계 승화시키는 것입니다. 즉, 말씀을 세련되게 하고 고상하게 하며 도덕적으로 풀어내는 것입니다. 단순히 외적으로만 가난한 자들을 복되다고 하며 부유한 자들에게는 화가 있다고 말할 수 없다는 것입니다. 겉으로 보이는 것이 아니라 어떤 생각을 품고 사느냐가 정말 중요하다고 항변하는 것입니다.

　맞는 말입니다. 어느 면에서는 이런 항의가 타당합니다. 그러나 이런 항의가 위험한 이유는 이 말에 담긴 진실을 오직 우리 자신을 변명하는 데에만 이용하려 하기 때문입니다. 모든 외적인 것을 마음과 연관시켜 생각하는 것은 무서울 정도로 간단합니다. 즉, 외적으로는 부유하지만 마음은 가난할 수 있다고 말하는 것입니다. 외적인 가난과 부에 국한시키기보다는 내면적인 것에 연관시켜 말하게 되면 힘이 있으므로, 복음을 이렇게 이해하는 것은 너무도 손쉬운 일입니다.

그러나 가련한 나사로 이야기의 어느 부분에 그의 내면에 관한 내용이 있습니까? 그의 가난에 대한 자세가 내면적으로 의로웠다고 말하는 사람이 누가 있습니까? 이런 해석과는 정반대로, 그는 부자의 대문 앞에 누워서는 결코 떠날 생각을 하지 않을 정도로 게으르거나 뻔뻔한 사람이었을 수도 있습니다. 우리에게 부자의 영혼이 어떠했으리라고 말하는 사람은 누구입니까? 이 이야기가 소름 끼칠 정도로 무서운 이유는 전혀 도덕적인 설명이 없기 때문입니다. 이 이야기는 단순하게 부자와 가난한 자에 대해서 말하고 있을 뿐이며, 한쪽에는 경고를, 다른 한쪽에는 약속을 주고 있습니다. 이 이야기에서 외적인 것은 철저하게 외적인 것으로만 아주 노골적으로 받아들여지고 있습니다.

외적인 삶이 전혀 중요하지 않았다면, 그리스도는 왜 병든 자를 치유하셨으며 고통당하는 자를 도우셨겠습니까? 왜 하나님의 나라는 귀머거리가 들으며 눈먼 자가 보는 것이겠습니까? 그리스도께서 이토록 명백하게 보이고 행하셨던 일들을 영적으로만 해석해 버리려는 우리의 교만은 어디에서 온 것입니까?

우리는 복음을 세련되게 해석하는, 거룩한 체하는 위선과 뻔뻔스러운 태도에 결별을 선언해야 합니다. 복음 자체를 영접하든지 아니면 정직하게 미워하십시오! 복음을 복음 그대로 받아들인다고 해서 이런 미움이 생기지 않는 것은 아닙니다. 이런 미움은 두 가지 상이한 면에서 생겨납니다.

어떤 사람은 이렇게 말합니다. "나사로 같은 이들을 위한 복음이라뇨? 약한 자와 비천한 자들, 가난하고 병들 자들에게 전해진 복음은 우리와 아무 상관이 없습니다. 우리는 건강하고 능력이 많은 사람들입니다. 그렇기에 셀 수 없이 많은 나사로의 무리를 경멸합니다. 가난한 자들에게 선포되는 복음을 경멸합니다. 이런 복음은 우리의 자존심을 건드리고, 우리가 속해 있는 인종과 우리가 가진 힘에 대해 모멸감을 줍니다. 우리는 부유하며 자부심도 강하기 때문입니다."

이 말은 정직하기는 하지만, 동시에 너무나 경솔하며 환상에 사로잡혀 내뱉은 말입니다. 나사로의 무리를 경멸하는 것은 아주 쉬운 일입니다. 그러나 우리 주변 사람들 가운데 하나가 그 나사로라면 어떻게 하겠습니까? 계속해서 직장을 얻지 못하는 실업자 나사로, 사고로 불행해진 나사로, 여러분의 잘못으로 망해 버린 나사로, 여러분에게 뭔가를 요구하는 자녀 나사로, 절망에 빠져 어찌할 바를 모르는 어머니 나사로, 범죄자가 되어 버린 나사로, 하나님을 믿지 않는 나사로…. 이들 가운데 한 사람을 상대로 여러분은 이렇게 말할 수 있겠습니까? "나는 나사로인 당신을 경멸합니다. 당신을 기쁘게 하는 복음을 멸시합니다." 정말 그렇게 말할 수 있겠습니까? 여러분이 그럴 수 있다면, 왜 마치 그렇게 하는 것이 굉장한 일이기라도 한 것처럼 행동합니까?

아니면, 이렇게 말할 수도 있습니다. "지금 이 세상에서 고통스럽게 한탄하며 살아가는 사람들에게 다른 세상에 더 나은 미래가 있다고 약속하며 위로하는 것은 어쩌면 그 자체가 이미 그들을 모욕하는 것은 아닙니까? 이 불행한 사람들이 자신의 운명에 대항하여 봉기하는 일을 미연에 방지하고자 말하는 것처럼 들리는데요? 그들이 자신의 운명에 순응하며 다른 사람들을 성가시게 하지 않고 조용히 살도록 하기 위해, 그들의 가난과 고통을 복되다고 말하는 것은 아닙니까? 지상의 위로를 주고 싶지 않기 때문에 천상의 위로에 관해 말하는 것은 그들을 조롱하는 것과 무엇이 다릅니까? 가난한 자들에게 전하는 이런 복음은, 사실은 민중을 기만하는 것이며 민중을 우매하게 만드는 것이 아닙니까? 비참한 삶을 전혀 심각하게 받아들이지 않고, 경건한 구절 뒤에 숨어 부끄러운 줄도 모르도록 만들지는 않겠습니까?" 슬프게도 오늘날에 이르기까지 그런 일이 수도 없이 반복해 일어났다는 사실을 아무도 부인할 수 없습니다. 그로 인해 수백만의 사람들이 복음에서 멀어졌습니다.

그러나 우리가 이 복음을 한번 주목해서 본다면, 여기에 무엇이 다른지 금방 알아차릴 수 있습니다. 예수님은 가난하고 우는 자들을 복되다고 말씀하셨지만, 그와 동시에 그들에게 치유의 은혜를 베푸셨습니다. 이미 이 땅에서 말입니다. 그렇습니다. 소경이 보며 앉은뱅이가 일어섬으로써 그곳에 하나님의 나라가 임했습니다! 예수님은 사람들의 비참함을 아주 심각하게 받아들이셨습니다. 그래서 눈 깜짝할 사이에 그 비참함을 파괴해 버리셔야만 했습니다. 그리스도께서 계신 곳에서 마귀들의 권세는 깨뜨려집니다. 그래서 예수님은 치유하셨으며 제자들에게 이렇게 말씀하셨습니다. "나를 믿는 자는 내가 하는 일을 그도 할 것이요 또한 그보다 큰 일도 하리니 이는 내가 아버지께로 감이라"(요 14:12). 하나님의 나라가 가까이 임했습니다.

예수님의 치유 사역은 새로운 세상으로부터 번개가 튀어나와 사방을 치는 것과도 같은 역사였습니다. 그러나 지금 가난한 자에게 전해지는 복음은 그보다 훨씬 더 강력합니다. "지금 주린 자는 복이 있나니 너희가 배부름을 얻을 것임이요 지금 우는 자는 복이 있나니 너희가 웃을 것임이요"(눅 6:21). 경멸적인 값싼 위로가 아닙니다. 그것은 위대한 소망, 새로운 세상, 기쁜 소식입니다. 긍휼의 하나님을 보여 주는 약속입니다! 나사로는 아브라함의 품 안에 있으며, 가난한 자, 배척받고 쫓겨난 자들은 하나님 곁에 있습니다. 정말이지 이 말이 너무 순진하고 단순하게 들릴지라도 그렇습니다.

그러나 정말로 이 말이 사실이라면, 그래도 순진하다고 말할 수 있을까요? 그래도 영적이지 않다고 폄훼할 수 있을까요? 우리는 귀를 열어 어제와 오늘의 나사로가 천사들에 이끌려 아브라함의 품으로 인도되었으며, 이 세상에서 기쁨과 영화를 누리며 풍족하게 살던 부자가 영원한 목마름으로 고통당해야만 한다는 전대미문의 이야기를 듣고 또 들어야 하지 않을까요?

지금까지 우리는 가난한 나사로와 부자가 서로 아무 상관이 없었던 것처럼, 각자 별도로 이야기를 진행시켰습니다. 그러나 결단코 그렇지 않습니다. 나사로는 부자의 대문 앞에 누워 있었습니다. 부자가 한 일이나 가난한 자가 한 일이 기록되어 있지 않습니다. 또 어떻게 행하는 것이 옳았다는 말도 기록되어 있지 않습니다.

그 두 사람에게 닥친 한 가지 공통점이 있다면, 죽음이었습니다. 두 사람에게 닥친 일을 특별히 조명해 본다면, 두 남자는 죽어야만 했으며 죽음 후에는 각기 다른 삶이 기다리고 있었다는 것입니다. 부자는 가난한 사람을 도와주어야 했다는 도덕적인 차원의 법보다도 죽음이라는 현실이 두 사람을 더욱더 가까이 연결시켜 주고 있습니다. 두 사람은 그들 앞에 닥친 죽음이라는 똑같은 운명을 통해 이미 하나의 공동 운명체로 엮여 있었습니다. 죽을 때에 부자는 더 이상 부유하지 않았으며, 가난한 자도 더 이상 가난하지 않았습니다. 죽을 때만큼은 그들은 서로 다르지 않았으며 똑같은 사람이었습니다.

　죽음 후에는 새로운 일이 일어났습니다. 이 세계에 속한 모든 권세가 더 이상 아무 영향력을 미치지 못하는 새로운 일이 일어났습니다. 자신이 속한 온 세상이 죽음의 세계이며 언젠가 하나님의 심판대 앞에 서야 한다는 사실을 부자는 미처 보지 못했던 것입니다. 이 세상에서는 자신이 입은 자색 옷과 나사로의 벌거벗은 몸뚱아리 뒤에서 무한하고 영원한 것이 침묵하며 서 있었다는 것을 보지 못했습니다. 저 세상에서 그들을 기다리고 있는 것이 무엇이며, 어떻게 될 것인지 알지 못했습니다. 여기에서 '영원'이라는 말이 뜻하는 바가 참으로 심각하고 진지하다는 사실은, 타는 갈증으로 괴로워하는 부자와 나사로의 대화를 보면 의심의 여지없이 알 수 있을 것입니다. 이 이야기에서 부자가 자기 형제들은 이 고통스러운 곳으로 오지 않도록 나사로를 보내 경고해 달라고 구했으나 뜻을 이루지 못했던 것처럼, 죽음 너머의 '영원'이라는 것이 이 세상에 나타나도록 시도하는 다른 노력은 없을 것입니다. 오직 모세와 선지자를 통해, 다시 말해서 오늘날 교회를 통해 전해지는 복음의 메시지를 통해서만 분명히 알 수 있을 뿐입니다. 이 세상에는 모세와 선지자가 있으니, 그들이 하는 말을 들어야 할 것입니다. 하나님의 영원한 계명에 관한 말씀과 죽어야만 하는 인간의 연약함과 비참함에 관한 말씀, 겸손한 자에 관한 하나님의 은혜와 권세 잡은 자들에 관한 하나님의 심판의 말씀, 그리스도의 십자가에 관한 말씀, 가난한 자들과 잃어버린 자들의 구원 및 부한 자들과 스스로 의롭다 하는 자들에 관한 심판의 말씀을 들어야만 합니다.

그들이 하는 말을 듣지 않는다면, 죽은 자 가운데서 살아서 돌아온 자가 하는 말도 듣지 않을 것입니다. 그들이 하는 말을 듣지 않는다면, 비록 이 세상이 산산조각으로 부서져 버리는 것을 보더라도 놀라지 않을 것이며 지혜를 얻지 못할 것입니다. 명백한 진실조차 거부할 것이며, 대문 앞의 나사로가 영원한 나사로라는 사실을 알려고도 하지 않을 것입니다. 그리하여 나사로 속에서 보게 될 영원을 지나쳐 버리고 말 것입니다.

이제 마지막으로 생각해 봅시다. 누가 나사로입니까? 누가 부자입니까? 결론적으로, 부자는 도대체 어떻게 행해야만 합니까?

나사로는 누구입니까? 여러분이 알고 있듯이, 그들은 외적으로나 내적으로 자기 인생을 제대로 꾸려 나가지 못하는 가련한 사람들입니다. 그들 중에는 어리석은 사람도 있을 것이며, 부끄러움을 모르고 파렴치하게 행동하는 사람도 있을 것입니다. 뻔뻔한 사람도 있을 것이며, 하나님을 경외할 줄 모르는 사람도 있을 것입니다. 그들 중에 도움이 절실히 필요한 사람이 있을 것입니다. 여러분이 의식하든 의식하지 못하든 여러분의 식탁에서 떨어지는 부스러기라도 얻고자 하는 고난받는 형제들이 있을 것입니다.

어쩌면 여러분은 자신이 나사로라고 서글프게 말할지도 모르겠습니다. 여러분이 나사로인지 아닌지는 하나님만이 아십니다. 그러나 여러분이 어쩌면 부자는 아닐는지 스스로에게 물어보는 일을 멈춰서는 안 될 것입니다. 나사로는 누구입니까? 나사로는 여러분이 만나는 타인들, 수천 가지 비천한 모습으로 여러분을 만나는 십자가에 못 박히신 그리스도이십니다.

이제 다시 한 번 물어보겠습니다. 나사로는 누구입니까? 이 물음에 대한 모든 인간적·신적 차원의 가능성을 종합해 대답해 봅시다. 우리는 모두 하나님 앞에서 나사로입니다. 본문에 나오는 부자도 나사로입니다. 그는 하나님 앞에서 불쌍한 문둥병자입니다. 그리고 우리 모두가 나사로임을 알 때에야 비로소, 우리는 형제들 속에서 나사로를 보게 됩니다.

부자는 누구입니까? 이 물음에 대해 이 이야기는 아무런 답을 주지 않습니다. 우리는 분명히 부유하지 않습니다. 우리는 포만감을 맛보면서 풍족하게 살고 있지 않습니다. 기쁨과 영화를 누리며 사는 것도 아닙니다.

그러나 정말 아닙니까? 여러분이 나사로를 만나게 되더라도 정말 아니라고 할 수 있겠습니까? 아니면 나사로를 만나게 되는 일이 없을까요? 우리가 정말 부자가 아니라고 말할 수 있을까요? 다른 이야기에서 우리는 그 답을 찾을 수 있습니다. 그것은 부자 청년에 관한 이야기입니다. 그는 아주 경건하고 의로운 사람이었습니다. 그러나 자기가 가진 모든 재물을 가난한 자들에게 나누어 주고 예수님을 따르라고 했을 때, 슬퍼하며 주님을 떠났습니다. 그가 부자입니다. 그렇다면 우리는 어떻습니까?

결론적으로, 부자는 어떻게 행동해야 했습니까? 이 물음에 대한 답은 선한 사마리아인의 이야기에서 찾을 수 있습니다. 오늘 본문이 우리에게 알려 주는 것은 오직 이것입니다. 부자는 자신과 나사로 뒤에는 죽음이 기다리고 있으며, 나사로 뒤에는 그리스도, 즉 하나님이 서 계시며, 영원한 기쁨의 소식이 있다는 사실을 보아야 했습니다. 우리는 가난한 나사로의 비참한 모습 속에서, 그를 복되다고 하시며 주님의 식탁으로 초대하시는 나사로 뒤에 계시는 그리스도를 보아야 합니다. 우리로 하여금 가난한 나사로를 보게 하시고, 가난한 나사로 속에 계시는 그리스도를 보게 하소서! 오, 우리가 보기를 원하는 마음을 갖기를! 아멘.

아홉 번째 메시지

처음 사랑을 다시 가질 수 있을까?

저 처음 사랑으로,

저 불타는 듯한 열정적인 사랑으로,

모든 것을 하나님께 맡기고,

하나님을 사랑하며 형제를 사랑하고 있습니까?

정말 하나님을 하나님 되시게 하며,

우리 자신과 우리 교회를 하나님의 뜻에 온전히 맡기고 있습니까?

만약 그렇다면 우리의 모습은 다르게 보일 것이며

뭔가 새로운 일이 일어날 것입니다.

그러면 분명 우리는 저 끔찍한 시험에 빠져들지 않을 것이며,

어떠한 시험도 이겨 나갈 수 있을 것입니다.

하나님께 우리를 쓰시도록 내어 드릴 뿐만 아니라,

저 처음 사랑을 가지고 하나님이 온전히 하나님이 되시도록 합시다.

1932년 11월 6일, 종교개혁 기념 주일, 베를린

요한계시록 2장 4-7절

그러나 너를 책망할 것이 있나니 너의 처음 사랑을 버렸느니라 그러므로 어디서 떨어졌는지를 생각하고 회개하여 처음 행위를 가지라 만일 그리하지 아니하고 회개하지 아니하면 내가 네게 가서 네 촛대를 그 자리에서 옮기리라 오직 네게 이것이 있으니 네가 니골라 당의 행위를 미워하는도다 나도 이것을 미워하노라 귀 있는 자는 성령이 교회들에게 하시는 말씀을 들을지어다 이기는 그에게는 내가 하나님의 낙원에 있는 생명나무의 열매를 주어 먹게 하리라.

우리의 종교개혁 신앙의 시계는 점점 열두 시를 향해 다가가고 있습니다. 여러분도 우리에게 주어진 시간이 그리 많지 않다는 사실을 감지하고 있으리라 생각합니다. 지금 우리는 기독교의 교회가 역사 속으로 사라져 버릴지, 아니면 새로운 지평을 맞이하게 될지를 가늠할 수 있는 갈림길에 서 있습니다. 여기서 명심해야 할 것은 단순히 병에 걸린 사람을 위해서는 나팔을 불지 않는다는 점입니다. 그것이 죽음과 관련될 때에라야 나팔이 울립니다.

  사람들은 숨이 끊어진 시신을 장사 지낼 때 나팔을 붑니다. 위로하고 죽음을 극복하기 위해서가 아니라, 죽음의 무겁고 차가운 침묵을 더욱 차가운 소음으로 묻어 버리고 싶기 때문입니다. 그래서 장례식을 치를 때에 사람들은 부패가 시작된 시신을 화환과 장송곡으로 덮어 버립니다. 아이들도 어두운 길을 가다가 무서움을 느낄 때면 휘파람을 불기도 하고, 발에 힘을 주어 걸으면서 요란한 소음을 만드는 식으로 자신의 두려움을 감추려 애씁니다. 더는 용기가 나지 않을 때, 사람들은 자기 속에 있는 두려움을 감추기 위해 이런 식으로 행동합니다. 사실상 두려움을 감추기 위해 드러내는, 두려움과 다를 바 없는 용기는 죽음이 찾아온 이후에 나팔을 불어 소음을 만들어 내는 것과 크게 다르지 않습니다.

  그런데 이것은 교회에 있는 우리 모두에게 그리 낯설지 않은 풍경입니다. 종교개혁을 기념하는 날이면 제가 알고 있는 이런 부류의 모습 가운데 가장 심각한 장면을 보게 됩니다. 수천의 소란스러운 나팔소리가 이미 병들어 죽음을 목전에 둔 독일의 모습을 말해 주고 있습니다. 온갖 소음들은 교회의 죽음을 세상에 알리고 있는 것 같습니다. 미래에 대한 두려움으로 인해 독일은 오늘 스스로 용기를 내기 위해, 그리고 마음 깊은 곳에 은밀히 숨어 있는 죽음의 공포를 몰아내기 위해, 모든 종류의 위대한 단어들을 떠들썩하게 외쳐 대는 것입니다.

교회는 언제부터인가 종교개혁으로부터 멀리 떨어져 나와 자신의 종말을 은연중에 예감하고 있습니다. 사망의 권세 아래 벌벌 떨면서, 한편으로는 깊은 절망감을 감추기 위해 "내 주는 강한 성이요"라고 크게 노래를 부릅니다. 그들은 '하나님'을 부를 때마다 하나님이 오히려 자신들을 대적하고 있음을 알지 못합니다. 우리는 "우리 하나님은 강한 성이요", "하나님이 우리를 위하시면 누가 우리를 대적하리요?"라고 노래합니다. 그러나 하나님은 "내가 너희를 대적한다"고 말씀하십니다.

오늘날 교회는 종교개혁을 기념한다는 이유로 루터를 편히 쉬지 못하게 만들고 있습니다. 루터는 오늘날 교회에서 일어나고 있는 모든 잘못으로 인해 이용당하고 있습니다. 사람들은 루터를 교회 전면에 내세웁니다. 옛적 루터의 모습을 기억하면서, 오늘 죽은 루터를 다시 불러내 그로 하여금 손을 펴서 교회를 위하여 열광적으로 확신에 찬 한마디를 거듭 외치게 만듭니다. "내가 여기 있사오니, 하나님이여 나를 도우소서." 교회가 악마에게 철저히 공격받고 있음을 외면하려 합니다. 오늘날 교회는 하나님에 대한 경외심으로 두렵고 떨림 가운데 "내가 여기 있사오니"라고 외쳤던 루터의 그 교회가 아님을 돌아보려 하지 않습니다. 그러니 루터의 그 고백을 오늘 또다시 인용하는 것은 도무지 어울리지 않는 행동입니다. 그것은 진실되지 못합니다. 루터의 고백을 우리 죄악의 방패막이로 이용하는 것일 뿐, 그것은 용서받지 못할 경거망동이며 교만입니다.

우리는 달라질 수 있으며, 또한 달라져야 합니다. 우리가 지금과 같은 상태에서 달라지지 않는다면, 하나님과 사람 앞에서 참으로 나쁜 평판을 받을 것입니다. 우리 중 누가 벼랑 끝에 서 있는 자의 심정으로 "하나님이여 나를 도우소서"라고 말할 수 있습니까? 누가 과연 이 간절한 기도를 진실되게 드릴 수 있겠습니까? 어쩌면 그렇게 말할 자격이 있는 사람은 아무도 없을지 모릅니다. 우리는 이제까지와는 다르게 행할 수 있고, 또한 그렇게 행해야만 합니다. 지금도 설교단에서는 "내가 여기 있사오니 하나님이여 나를 도우소서"라는 외침이 수천 번도 넘게 울려 퍼지고 있습니다. 그러나 하나님은 말씀하십니다. "너를 책망할 것이 있나니…."

프로테스탄트(Protestant)의 교회는 오늘 자신들의 기념일을 축하하며 이 순간을 기리고 있습니다. 그러나 그들의 축하식과 기념 행사에는 그들 위에 군림하고 있는 공권력을 향한 항의도 포함되어야 합니다. 그 항의는 다양한 모습으로 나타날 수 있습니다. 다양한 모습일 수 있을지언정, 어쨌든 그들은 항의(Protest)해야 합니다. 뿐만 아니라 하나님 없는 세상의 형상으로 나타난 세속주의에 맞서 싸워야만 합니다. 아마도 정치색을 띤 가톨릭의 위험에 특별히 맞서야만 하는 일이 될 수도 있습니다. 모든 속박과 교조주의에 대한 항의, 권위주의에 대한 항의, 사상과 양심 및 개인의 자유를 지키기 위한 항의, 부도덕과 불신에 대한 항의, 교회에 속하지 않은 모든 것들에 대한 항의, 이런 것들이 우리에게서 터져 나와야 합니다. 이날은 개신교(Protestant)의 날이니까요.

우리는 문서화된 권리를 가지고 참으로 쉽게, 참으로 비장하게, 확신에 가득 차 항의할 수 있습니다. 얼마나 굉장한 권리입니까? 그러나 "우리는 항의한다"고 외치는 우리를 향해 하나님은 말씀하십니다. "그러나 너를 책망할 것이 있나니…." 이 말씀은 하나님이 항의하신다는 뜻입니다. 하나님이 누구에게 항의하신다는 것입니까? 우리에 대해 그리고 우리의 항의에 대해 항의하신다는 것입니다! 프로테스탄티즘, 즉 개신교는 어느덧 세상에 대한 우리의 항의가 아니라, 우리에 대한 하나님의 항의를 의미하는 것이 되고 말았습니다. "너를 책망할 것이 있나니…"

그럼에도 우리는 끊임없이 스스로를 속이고 있습니다. 우리는 마르틴 루터의 "내 주는 강한 성이요"라든지 "내가 여기 서 있사오니" 같은 고백이 더 이상 우리의 현실과 어울리지 않는다는 사실을 잘 알고 있습니다. 오히려 하나님이 우리에 대해 항의하고 계심을 아주 잘 알고 있습니다. 종교개혁일은 하나님이 우리를 대항해 싸우시기 위해 온힘으로 출정하시는 날임을 감지하고 있습니다.

그러나 우리는 이런 진실을 우리 교회에서나 세상 앞에서 직시하려 들지 않습니다. 우리는 이 진실 앞에 서기를 두려워하고 있습니다. 우리는 이런 공격이나 항의에 익숙하지 않기 때문입니다. 우리가 자신의 모습을 직시하고 인정하게 되면 하나님과 세상 앞에서 조롱거리가 될 것을 두려워하기 때문입니다. 그러므로 우리는 이날에 저 토록 엄청난 소음을 만들어 내고 있는 것이며, 10월 31일(마르틴 루터가 95개조 반박문을 비텐베르크 성당에 붙임으로 종교개혁의 시발점이 된 날로 독일에서 종교개혁일로 기념하는 날—옮긴이)에 수천 명의 학생들에게 잘못된 메시지를 주입시키고, 우리의 약점이 드러나지 않도록 애쓰는 것입니다. 이렇게 함으로써 우리 자신의 모습을 아예 잊어버리려 하는 것입니다.

우리는 더 이상 이런 축제 분위기와 교회 행사로 허비할 시간이 없습니다. 우리는 더 이상 이런 식으로 종교개혁을 기념하지 말아야 합니다. 이미 죽은 마르틴 루터는 이제 편안히 쉬도록 내버려 두고, 그가 전한 복음을 들어야 합니다. 그가 번역한 성경을 읽고 하나님이 하시는 말씀을 들읍시다. 마지막 심판 날에 하나님은 "너희는 종교개혁일 축제에 참가했느냐?"라고 묻지 않으시고, "너희는 내 말을 듣고 지켰느냐?"라고 물으실 것입니다. 그러므로 하나님이 우리에게 하시는 말씀을 들읍시다.

"그러나 너를 책망할 것이 있나니 너의 처음 사랑을 버렸느니라." 하나님이 하시는 말씀입니다. 이 말씀을 들을 때 우리는 마땅히 마음이 아프거나 괴로워하는 것으로 반응해야 합니다. 하지만 우리는 마치 통속소설을 읽는 듯 행복한 얘기만을 들으려고 합니다. 무시할 수 있다면 훌쩍 뛰어넘어 버리고 스스로에게 위안을 삼을 수 있는 것들만 받아들이려고 합니다.

"그러나 너를 책망할 것이 있나니 너의 처음 사랑을 버렸느니라." 여기에서 말하는 첫사랑은 아주 의미심장한 말입니다. 여기에서 말하는 첫사랑은 세상에서 말하는 사랑과는 아주 다릅니다. 이 첫사랑에 비교될 수 있는 다른 사랑은 결코 존재하지 않기 때문입니다. 그런 점에서 이 첫사랑은 존재할 수 있는 유일한 사랑입니다. 이 사랑은 하나님께로부터 와서 하나님께로 가는 사랑이기 때문입니다. 이 사랑을 제외하면 오직 미움만이 존재할 뿐입니다. 그러므로 이 첫사랑을 버렸다는 말은 하나님을 버렸다는 뜻이며 형제를 버렸다는 뜻입니다. 이 첫사랑을 버렸으므로 남은 것은 하나님을 향한 미움뿐입니다. 우리가 돌아보아야 할 세상을 향해서도 온통 미움만

남았습니다.

"그러나 너를 책망할 것이 있나니 너의 처음 사랑을 버렸느니라." 이 말은 예전에는 달랐다는 뜻입니다! 첫사랑이 있었다는 말입니다! 그 언젠가 하나님을 순수하게 사랑한 적이 있었다는 말입니다. 언젠가 하나님과 함께하는 삶을 산 적이 있었습니다. 아니었나요? 언젠가 여러분은 하나님께 기도했고, 여러분의 잘못이나 고민을 하나님 앞에 고백했습니다. 언젠가 여러분은 하나님을 사랑했습니다. 언젠가 여러분은 하나님과 함께 무언가를 시도하려고 했습니다. 언젠가 여러분 주변에는 놀라운 일이 일어났습니다. 말 그대로 놀라운 일이 일어났습니다. 그때 여러분은 자주 여러분을 화나게 하고 힘들게 하는 사람들을 하나님의 사랑을 기억하며 사랑했습니다. 그때 여러분은 여러분의 가장 깊고 은밀한 곳까지, 전 인생을 통하여 하나님만이 여러분 인생의 주인이셔야 한다고 생각했습니다. 그렇습니다. 여러분이 마음과 뜻을 다하여 예수 그리스도와 함께 형제들 가운데로 걸어갔을 때, 하나님은 여러분 인생의 주인이셨습니다. "그러나 너를 책망할 것이 있나니…."

이 말씀은 교회 전체를 향해 던지는 말씀이기도 합니다. 처음에 받고 누렸던 은혜의 시간은 어디로 갔습니까? 그때 초대교회 성도들은 예수 그리스도를 인생의 주인이라고 고백했습니다. 그들 가운데 불같은 열정이 활활 타오르기 시작했을 때, 그들은 주님을 섬기기 위해 집을 떠나 길을 나서지 않았습니까? 하나님 나라가 가까이 임하기를 애타게 기다리던 간절함이 비범한 삶의 형태로 승화되었던 시간은 어디로 갔습니까?

사도행전 4장에서 "믿는 무리가 한마음과 한뜻이 되어 모든 물건을 서로 통용하고 자기 재물을 조금이라도 자기 것이라 하는 이가 하나도 없더라 사도들이 큰 권능으로 주 예수의 부활을 증언하니 무리가 큰 은혜를 받아"(32-33절)라고 묘사하고 있는 교회는 어디에 있습니까? 하나님의 기적을 경험하고, 사망에서 생명으로의 부활을 믿으며, 믿는 자에게는 능치 못함이 없음을 알기에, 은혜의 힘으로, 하나님에 대한 사랑의 힘으로 다른 사람을 사랑하고 겸손히 자신을 낮추고 다른 사람의 고난 속으로 기꺼이 들어가던 초대교회는 어디에 있습니까? 어두운 세상 한가운데서 등대처럼 하나님의 빛으로 서 있던 첫사랑을 품은 교회는 지금 어디에 있습니까?

어떤 이들은 과거를 회상하는 것이 무슨 도움이 되겠느냐고 주장할지도 모르겠습니다. 그들은 이렇게 말합니다. "맞습니다. 그것은 저의 첫사랑이었습니다. 풋풋한 어린아이 같았죠. 이제는 성인이 되었습니다. 그만큼 성숙했다는 것이고 그때의 믿음에서도 벗어났습니다. 물론 그때는 아름다웠습니다. 부정하지 않습니다. 그러나 많은 것이 환상에 지나지 않았습니다. 이제 저는 세상이 악하다는 것을 잘 알 뿐만 아니라 모든 것이 가능한 게 아니라는 것, 어느 정도는 타협하며 분수에 맞게 살아야 한다는 것을 배웠습니다. 이런 깨달음이 제 신앙을 절름발이로 만든 것은 사실이지만, 저는 더 지혜로워졌습니다." 그리고 교회도 이와 똑같은 말을 합니다.

이런 말에 대해 무엇이라고 대답해야 할까요? 초대교회 성도들이나 종교개혁자들, 그리고 그 당시 교회는 세상이 악하다는 사실을 몰랐습니까? 사랑하는 주님이 세상에 의해 십자가에 못 박히는 것을 보았던 초대교회 성도들은 세상이 악하다는 사실을 몰랐겠습니까? 그들은 이런 사실을 우리보다 수천 배 더 잘 알고 있었습니다. 성경에서 하는 말씀을 들으십시오. 루터가 번역한 성경을 읽으십시오. 그렇습니다. 그들은 아주 결정적인 사실을 우리보다 더 잘 알고 있었습니다. 그들은 세상이 악한 이유를 알았습니다. 그것은 하나님과 형제에 대한 미움이며, 인간의 자기 자신에 대한 사랑이었습니다. 그러나 그들은 하나님이 이런 미움에 대해 승리하셨다는 사실을 들었으며 또 보았습니다. 그것은 바로 이 세상 한가운데서 예수 그리스도를 통해, 그분의 십자가와 부활을 통해 이루어진 승리입니다. 그들은 이 세상에 나타난 하나님의 사랑의 기적을 믿었습니다. 그리고 그런 믿음으로 하나님과 형제를 사랑했습니다.

이제 여러분 개개인에게 묻고 싶습니다. 여러분은 그리스도의 십자가로 인해 미움이 정복되었으며, 이제는 하나님의 사랑으로 사랑해야 한다는 사실을 알고 믿은 적이 한 번도 없습니까? 그때 여러분에게는 그런 생각이 환상이었을 수도 있고, 지금 이 시간까지도 환상일 수 있습니다. 누가 과거에만 매여 있기를 원하겠습니까? 하지만 오늘 그 시간이 환상이 아니라 진실이라고 하시는 하나님의 말씀을 들어 보십시오. "그러나 너를 책망할 것이 있나니, 너의 처음 사랑, 즉 나를 버렸느니라."

"그러므로 어디서 떨어졌는지를 생각하고 회개하여…." 회개를 촉구하시는 이 말씀은 마르틴 루터가 종교개혁을 단행하도록 만들었던 원동력과 다르지 않습니다. "그러므로 어디서 떨어졌는지를 생각하고 회개하라!" 여러분은 뜨거운 열정으로 불타올라야 함에도 차갑기만 하고, 깨어 있어야 함에도 게으르며, 배고픔을 느껴야 함에도 배부르며, 믿음으로 살아야 함에도 두려워하며, 희망을 가져야 함에도 권력을 잡으려 하고, 사랑해야 함에도 자기 자신에게서 헤어나오지 못하며, 그리스도를 주님으로 모시는 삶을 살아야 함에도 도리어 주님 말씀의 권위를 떨어뜨리며, 그리스도 안에서 기적을 행하는 삶을 살아야 함에도, 매일 해야 할 일조차 하지 않습니다.

"그러므로 어디서 떨어졌는지를 생각하고 회개하여…." 종교개혁을 단행했던 교회는 하나님을 하나님으로 인정했고, 선 줄로 생각하거든 넘어질까 조심하라고 하셨던 말씀을 기억했으며, 이런 회개의 촉구 앞에 겸허히 자신을 내어 드렸던 교회였습니다. 그러므로 자신이 서 있다고 해서 자랑할 수 없었습니다. 하나님의 말씀 안에서만 교회는 서 있으며, 하나님의 말씀 안에서만 심판받은 자들인 우리가 존재할 수 있습니다. 회개 가운데 서 있는 교회, 하나님이 하나님 되시도록 하는 교회가 바로 사도들의 교회이며, 마르틴 루터의 교회입니다.

"그러므로 어디서 떨어졌는지를 생각하고 회개하여 처음 행위를 가지라." 처음 행위를 가지지 않고서는 회개했다고 할 수 없습니다. 회개한다는 것은 처음 행위로 돌아가는 것입니다. 종교개혁 기념일에 행위에 대해 말하는 것은 어쩐지 어색해 보일 수 있습니다. 그러나 믿음이나 회개가 아침과 저녁에 갖는 경건한 시간에 국한된다고 생각하는 것은 복음에 대한 큰 오해입니다. 믿음이나 회개는 하나님을 하나님 되시게 하는 것이며, 무엇보다 우리의 행위로 하나님께 순종하는 것입니다.

"처음 행위를 가지라." 오늘 우리는 그 어느 때보다도 이 말씀을 들어야 합니다. 그러나 교회를 조금 안다면, 교회가 아무 일도 행하지 않는다며 탄식하려는 사람은 아무도 없을 것입니다. 정말이지 교회는 셀 수 없이 많은 일을 하고 있습니다. 정말이지 아주 진지하게 헌신하고 있습니다. 그러나 우리는 모두 너무나 많은 둘째, 셋째, 넷째 일들에 마음을 쓰고 있습니다. 그러면서 처음 행위를 버렸습니다. 결국 가장 중요한 일을 하고 있지 않습니다. 우리는 축하 행사를 열면서 기독교를 알리고 사회에 영향력을 끼치고자 애쓰고 있습니다. 우리는 소위 복음 전도 운동을 벌이고 있으며, 청소년들을 돌보기도 하고, 사회복지사업, 빈민구제사업을 펼치고 있습니다. 하나님 없이 살아가는 사람들을 위해 선교 활동을 하고 있습니다.

그러나 정작 우리는 모든 것이라 할 수 있는 처음 행위를 가지고 있습니까? 저 처음 사랑으로, 저 불타는 듯한 열정적인 사랑으로, 모든 것을 하나님께 맡기고, 하나님을 사랑하며 형제를 사랑하고 있습니까? 정말 하나님을 하나님 되시게 하며, 우리 자신과 우리 교회를 하나님의 뜻에 온전히 맡기고 있습니까? 만약 그렇다면 우리의 모습은 다르게 보일 것이며 뭔가 새로운 일이 일어날 것입니다. 그러면 분명 우리는 저 끔찍한 시험에 빠져들지 않을 것이며, 어떠한 시험도 이겨 나갈 수 있을 것입니다. 하나님께 우리를 쓰시도록 내어 드릴 뿐만 아니라, 저 처음 사랑을 가지고 하나님이 온전히 하나님이 되시도록 합시다. 그러면 아마도 조금 전에 읽었던 말씀이 다시 한 번 이 세상 가운데 실현될 날이 올 것입니다. "믿는 무리가 한마음과 한뜻이 되어 모든 물건을 서로 통용하고…."

하나님의 말씀은 이제 아주 심각해집니다. "만일 그리하지 아니하고 회개하지 아니하면 내가 네게 가서 네 촛대를 그 자리에서 옮기리라." 하나님이 마지막 경고를 하고 계십니다. 교회에 대한 심판이 경각에 이르렀습니다. 하나님은 오랫동안 인내하셨습니다. 우리는 심판의 시간을 알지 못합니다. 심판의 시간이 순식간에 우리에게 임하여 모든 것을 쓸어버릴 수 있습니다. 이미 도처에 그런 움직임이 보입니다. 하나님은 이미 파괴를 위한 놀라운 심판의 도구를 손에 드셨습니다. 이방인을 통해 예루살렘을 파괴한 역사는 우리의 현 상태에 두려울 만큼 가까운 의미로 다가오고 있습니다. 어떤 일이 닥칠지 알 수 없습니다. 그러므로 그런 붕괴의 때에 우리가 그것을 모면하기 위한 영웅적인 행위를 하게 될지도 모른다는 식의 말은 하지 않는 것이 좋습니다.

"하나님은 주님이십니다."

우리가 순복하는 파괴하시는 주님은 약속의 주님이시기도 합니다. 그분만이 자기 백성을 아십니다. 하나님은 살아 계시며 지금 우리 가운데 계십니다. "귀 있는 자는 성령이 교회들에게 하시는 말씀을 들을지어다 이기는 그에게는 내가 하나님의 낙원에 있는 생명나무의 과실을 주어 먹게 하리라." 하나님 한 분만이 이 말씀을 하실 권세가 있습니다. 하나님 한 분만이 이 말씀의 주인공이 누구인지 알고 계십니다. 이 약속의 말씀을 받는 주인공이 되고 싶습니까? 이기는 자가 되고 끝까지 하나님께 붙들린 사람으로 남고 싶습니까? 비록 미래는 우리를 두렵게 할지라도 우리에게는 약속의 말씀이 있습니다. 그 말씀을 붙들 때 위로를 얻을 것입니다. 그 약속의 말씀을 위해 부르심을 받는 사람은 참으로 복이 있습니다.

이제 예배를 마치고 교회 문을 나가면, 오늘 종교개혁 기념 예배가 좋았다느니 나빴다느니 하는 생각은 하지 맙시다. 다만 가서 마음을 돌이켜 처음 행위를 가집시다. 하나님이 우리를 도우시기를! 아멘.

열 번째 메시지

아파도 끝까지 용서할 수 있을까?

하나님이 우리를 얼마나 엄청난 죄에서 구하시고
용서하셨는지 체험한 적이 있다면,
그 고통의 시간에 하나님이 우리 죄를 고백할 수 있도록
형제를 보내 주셨음을 아는 사람이라면,
완강하게 도움을 거절하는 죄 범한 자를 돕고자 할 때
감당해야만 하는 치열한 내면의 싸움을 아는 사람이라면,
그럼에도 불구하고 형제가 하나님의 이름으로 자신의 죄에 대해
용서를 선포하며 죄 사함의 은혜를 덧입기까지
기도하며 도운 것을 체험한 적이 있는 사람이라면,
정죄하며 복수하려는 생각을 하지 않습니다.

그 사람은 오직 한 가지를 생각할 뿐인데,
아무 조건이나 자격을 따지지 않고
형제가 당하는 고난을 함께 짊어지며,
섬기고 돕고 용서하는 것입니다.

그 사람은 죄 지은 형제를 더 이상 미워할 수 없으며,
오히려 그를 더욱더 사랑하며 모든 것을,
정말이지 모든 것을 용서합니다.

1935년 11월 7일, 핑켄발데*

마태복음 18장 21-35절

그때에 베드로가 나아와 이르되 주여 형제가 내게 죄를 범하면 몇 번이나 용서하여 주리이까 일곱 번까지 하오리이까 예수께서 이르시되 네게 이르노니 일곱 번뿐 아니라 일곱 번을 일흔 번까지라도 할지니라 그러므로 천국은 그 종들과 결산하려 하던 어떤 임금과 같으니 결산할 때에 만 달란트 빚진 자 하나를 데려오매 갚을 것이 없는지라 주인이 명하여 그 몸과 아내와 자식들과 모든 소유를 다 팔아 갚게 하라 하니 그 종이 엎드려 절하며 이르되 내게 참으소서 다 갚으리이다 하거늘 그 종의 주인이 불쌍히 여겨 놓아 보내며 그 빚을 탕감하여 주었더니 그 종이 나가서 자기에게 백 데나리온 빚진 동료 한 사람을 만나 붙들어 목을 잡고 이르되 빚을 갚으라 하매 그 동료가 엎드려 간구하여

---

* 1933년에 나치 정권이 들어서고 본회퍼는 교회 저항 운동의 중심에 서게 된다. 그러나 '국가에 대한 교회의 책임'을 외치던 그는 점차 고립되었고, 그해 10월 런던에 있는 독일 교회 목사직을 맡아 베를린을 떠난다. 1935년 4월, 신학교를 맡아 달라는 고백교회의 요청을 받아들여 다시 독일로 돌아온 그는 핑켄발데에서 신학생들과 함께 공동 생활을 하며 차세대 설교자들을 양성하는 일에 뛰어든다. 당시 행한 설교 가운데 여기 실린 본문은 '용서에 대하여'라는 제목이 붙어 있다.

이르되 나에게 참아 주소서 갚으리이다 하되 허락하지 아니하고 이에 가서 그가 빚을 갚도록 옥에 가두거늘 그 동료들이 그것을 보고 몹시 딱하게 여겨 주인에게 가서 그 일을 다 알리니 이에 주인이 그를 불러다가 말하되 악한 종아 네가 빌기에 내가 네 빚을 전부 탕감하여 주었거늘 내가 너를 불쌍히 여김과 같이 너도 네 동료를 불쌍히 여김이 마땅하지 아니하냐 하고 주인이 노하여 그 빚을 다 갚도록 그를 옥졸들에게 넘기니라 너희가 각각 마음으로부터 형제를 용서하지 아니하면 나의 하늘 아버지께서도 너희에게 이와 같이 하시리라.

오늘 설교에 앞서, 혹시라도 우리에게 해를 끼친 사람을 용서하지 않고 화를 내며 완전히 돌아서 버린 경우는 없는지 살펴보기를 원합니다. 그 사람은 가족일 수도 있으며, 친구일 수도 있습니다. 어쩌면 겉으로는 분노를 숨긴 채, 상한 마음으로 '이런 사람과는 절대로 가까이 하지 않으리라'고 조용히 마음속으로만 다짐했을 수도 있습니다. 아니면 아주 냉정하게 '나와 그 사람은 더 이상 아무 관계도 아니다'라고 선언해 버리지는 않았습니까? 어쩌면 주변 사람들에 대해 관심을 끊고, 그 사람과 화목한지 아니면 반목하는 관계인지도 상관하지 않은 채 살아가고 있지는 않습니까?

훗날 이 사람 저 사람 줄을 지어 서서 우리를 고소하지는 않을까요? '당신은 나와 불화한 채로 헤어졌습니다.' '당신은 나를 조금도 참아 주지 않았습니다.' '당신은 나와의 관계를 완전히 끊어 버렸습니다.' '내가 마음에 들지 않는 행동을 한다고, 당신은 내게서 완전히 돌아서셨습니다.' '내가 언젠가 당신에게 아픔을 준 것으로 인해, 당신은 나를 홀로 두고 떠나갔습니다.' '언젠가 당신을 모욕한 일이 있었는데 그로 인해 당신은 내게서 완전히 등을 돌렸고 더 이상 당신과 가까이할 수 없게 되었습니다.' '당신을 찾아갔지만 당신은 나를 만나 주지 않았습니다.' '우리는 더 이상 말을 하지 않는 사이가 되었고, 나는 오직 당신의 용서만을 바랬는데 당신은 나를 결코 용서하지 않았습니다. 그런 당신을 나는 지금 이 자리에서 고소합니다.' '아직도 나를 기억하기는 합니까?' 우리 기억에서조차 희미해져 버린 사람들이, 어느 날 갑자기 우리 앞에 나타나 우리를 고소하지는 않을까요? 우리가 용서하지 않고 돌아서 버린 수없이 많은 상처받은 사람들, 혹시 그 사람이 바로 우리의 좋은 친구 중 하나였거나 우리의 부모 형제는 아닌가요?

용서하지 않은 그 일은 먼 훗날 우리를 위협하고 두렵게 하는 유일하고도 엄중한 목소리로 돌아올 것입니다. "당신은 무정한 사람이었습니다. 당신의 정중한 태도는 아무 소용이 없습니다. 당신은 돌처럼 차갑고 완고하며 오만했습니다. 당신은 우리에게 아무 관심이 없었습니다. 우리는 당신과 무관한 존재이며 냉소의 대상일 뿐이었습니다. 당신은 용서가 어떤 일을 하는지 결코 알지 못했습니다. 당신은 용서하는 자가 맛보는 자유와 용서받는 자가 누리는 행복에 대해 알지 못했습니다. 당신은 언제나 완고하고 무정한 사람이었습니다."

우리는 다른 사람과의 관계에 대해 너무 쉽게 생각하는 경향이 있습니다. 우리가 누군가에 대해 나쁜 생각만 품지 않는다면, 이미 용서한 것이나 다를 바 없다고 여기며 무감각합니다. 그러면서 그 사람에 대해 좋은 생각을 품고 있지 않다는 사실에 대해서는 전혀 개의치 않습니다. 그러나 용서한다는 것은 그 사람에 대해 순전히 좋은 생각만을 품으며 있는 힘을 다해 그를 참고 감당해 주는 것입니다. 우리는 바로 이 부분에서 진정으로 용서하기보다는 적당히 우회해 버리기를 잘합니다. 다른 사람을 감당해 주는 대신에, 그 사람 옆에 나란히 서 있으면서도 그 사람의 침묵에 익숙해지며, 그의 존재 자체에 대해 무관심해져 버리고 맙니다.

그러나 용서란 참고 감당해 주는 것입니다. 누군가를 참고 감당한다는 것은 그의 모든 면을 참고 감당하는 것입니다. 그 사람의 모습에서 참으로 불쾌하고 감당하기 어려운 부분, 그의 잘못과 죄, 더 나아가 우리를 거스르며 대적하는 부분까지 포함한 모든 것을 끝까지 포기하거나 외면하지 않고 잠잠히 참고 감당하며 사랑하는 것입니다. 이것이 용서입니다!

아버지나 친구, 아내나 남편, 더 나아가 낯선 사람에 이르기까지 우리가 만나는 모든 사람을 이런 자세로 대하고자 할 때, 우리는 비로소 용서가 얼마나 어려운지 알게 됩니다. 그리고 때로는 이런 말이 입 밖으로 튀어나올 것입니다.

"이제 더는 못해. 더 이상은 참아 줄 수 없어. 내 힘으로는 감당하기가 힘들어. 이런 식으로 계속 갈 수는 없어."

"주여 형제가 내게 죄를 범하면 몇 번이나 용서하여 주리이까?" 완고함을 버리지 않은 채 우리를 모욕하고 거스르며 상처만 주는 상대방을 얼마나 오래 참고 감당해 주어야 합니까? 우리의 감정이나 형편은 안중에도 없고 끝없이 마음을 할퀴는 그를 언제까지 참아 주어야 합니까?

"주여, 몇 번이나…."

언젠가는 끝이 있어야 하지 않겠습니까? 언젠가는 불의를 불의라고 말해야 하지 않겠습니까? 끝없이 우리의 권리가 짓밟히도록 내버려 둘 수는 없지 않습니까?

"일곱 번까지 하오리이까?"

일곱 번쯤이야 아무것도 아니라는 생각으로, 우리는 베드로의 말에 은근히 미소 짓고 있지는 않습니까? 그러나 우리는 몇 번이나 너

그렇게 용서해 준 적이 있습니까? 우리에게는 베드로의 말에 대해 자만하며 미소 지을 근거가 전혀 없습니다. 일곱 번 용서한다는 것, 진실로 용서한다는 것, 다시 말해서 우리에게 행해진 불의에 대해 순전히 최선의 것으로 돌려주는 것, 악을 전적으로 선으로 갚는 것, 가장 사랑하는 형제이기라도 한 것처럼 상대방을 받아들인다는 것은 사소한 일이 아닙니다. 그렇습니다. 우리는 그것을 용서라고 하며 잊어버리는 것이라고 합니다. "악인 사이에도 의리는 있다"는 속담이 있습니다. 그러나 용서한다는 것, 순전한 사랑으로 용서한다는 것, 그 사랑으로 다른 사람과의 관계를 끊어 버리지 않고 계속해서 참아 주고 감당해 주고자 하는 것은 결코 작은 일이 아닙니다.

"도대체 이 사람을 어떻게 해야 할까, 이 사람을 어떻게 참고 감당할 수 있을까? 이 사람과의 관계에서 나의 권리는 어디에서 찾아야 할까?"

이런 질문을 계속해서 던지는 것은 무익하며 고통스러울 뿐입니다. 그러므로 우리도 베드로처럼 이 질문을 들고 오직 예수님께로 나아갑시다. 이런 질문에 대한 답을 우리가 다른 사람에게서 들으려 하거나 자기 스스로 찾아내려 한다면, 결코 아무 답도 얻지 못할 뿐만 아니라 그 도움이라는 것이 오히려 우리에게 해가 될 뿐이기 때문입니다.

그러나 예수님은 굉장히 놀라운 방법으로 우리를 도와주십니다. 예수님은 베드로를 향해 "일곱 번뿐 아니라 일곱 번을 일흔 번까지라도 용서하라"고 말씀하십니다. 예수님은 그 방법만이 베드로에게 참으로 도움이 된다는 사실을 아십니다. "세지 마라, 베드로야. 횟수를 정하지 말고 용서하거라. '얼마나 많이'라는 질문으로 스스로 괴롭히지 말거라. 끝없이, 끝없이 용서하거라. 이것이 용서이며, 이것이 은혜란다. 그렇게 할 때 너는 진정으로 자유로워진단다! 네가 한 번, 두 번, 세 번, 이렇게 횟수를 세면 셀수록 문제는 더 불거지고, 관계는 더 고통스러워진단다. 네가 횟수를 세고 있는 동안에는 다른 사람이 이전에 지은 죄까지 끊임없이 기억하고 계산에 넣게 되며, 그렇게 되면 네 자신이 진심으로 용서하지 못하고 있다는 사실을 깨닫는 것조차 불가능해지고 말 것이다. 베드로야, 횟수를 세는 것으로부터 자유하거라. 관대하게 용서한다는 것은 몇 번이나 용서했는지, 언제까지 용서해야 하는지 생각하지 않는 것이란다. 네 권리를 잃어버릴까 봐 근심하며 괴로워할 필요가 없단다. 네 권리는 하나님이 소중하게 지켜 주실 테니. 너는 다만 끝없이 용서하거라!"

용서는 시작도 끝도 없이 매일 끊이지 않고 일어나는 것입니다. 용서는 하나님께로부터 오는 것이기 때문입니다. 또한 용서는 더불어 살아가는 삶에서, 이웃과의 모든 부자연스러운 관계를 자유롭게 하는 원동력입니다. 우리는 용서함으로써 자기 자신으로부터 자유로워지며, 용서함으로써 자기 자신의 권리를 포기하고, 오직 다른 사람을 돕고 섬길 수 있기 때문입니다.

우리는 더 이상 예민하게 반응할 필요가 없습니다. 우리의 명예가 손상되지나 않을까 염려하며 마음을 쓸 필요도 없습니다. 또한 다른 사람이 우리에게 반복하여 불의를 행할지라도 더는 격분할 필요가 없습니다. 다른 사람을 끊임없이 판단할 필요도 없습니다. 우리는 다만 있는 모습 그대로 상대방을 품고, 아무런 조건 없이 모든 것에 대해 끊임없이 용서하기만 하면 됩니다.

우리가 이웃과 이런 평화를 누리며 살 수 있고, 그 누구도 그 무엇도 우리가 누리는 평화를 깨뜨릴 수 없다는 사실은 진정 엄청난 은혜가 아닙니까? 우리가 소중히 여기는 우정이나 명예, 형제애가 확고하고 영속하는 토대 위에 견고하게 서기 위해 꼭 필요한 평화는 용서함으로써 가능한 것입니다.

예수님이 베드로에게 용서에 대한 가르침을 주신 목적이 무엇입니까? 예수님은 베드로에게 참으로 기쁘고 영광스러운 것에 대해 말해 주길 원하셨으며, 뿐만 아니라 그 기쁨과 영광을 선사해 주고자 하셨습니다. 예수님은 베드로에게 복잡한 인간관계로부터 오는 고통에서 벗어나 자유를 누리는 비밀을 가르쳐 주고자 하신 것입니다. "서로 용서하라"고 예수님은 말씀하셨습니다. 이 말씀은 우리 모두에게 정말 기쁜 소식이 아닐 수 없습니다.

그러나 예수님이 우리에게 유익을 주고자 소중한 선물을 주신 사실이 도리어 우리를 몹시 암담하게 합니다. '예수님은 우리가 도저히 지킬 수 없고 감당할 수도 없는 것을 말씀하고 계셔! 그런 말씀은 우리에게 도움이 되기는커녕 짐이 될 뿐이야. 그 누가 형제의 모든 것을 용서하고 감당해 줄 수 있을까?' 이런 생각과 함께 우리 마음은 불평으로 가득 차게 됩니다. "아니, 난 그렇게 하지 않을 거야. 난 그렇게 못해. 그 사람은 용서받을 자격이 없어." 우리가 이런 말을 한다면, 예수님은 진노하십니다. 우리는 예수님께 언제든 도움을 구할 수 있습니다. 그러나 우리가 도움을 거절하면서 "그건 도움이 아니에요"라고 말하는 것을 예수님은 원치 않으십니다. "용서할 수 없다고? 용서하지 않겠다고? 그 사람이 용서받을 자격이 없다고? 그렇게 말하고 있는 너는 도대체 누구냐?"

예수님은 진노하시며 회계하러 온 종에 관한 무시무시한 이야기를 들려주셨습니다. 그는 긍휼을 입었음에도 불구하고 무자비한 사람으로 머물렀고, 결국 그가 받은 긍휼을 빼앗기고 하나님의 무서운 진노를 받고 말았습니다. 예수님은 회계하러 온 종을 향한 하나님의 진노에 관한 이야기를 통해 우리에게 베풀 수 있는 가장 큰 도움을 주셨습니다. 이를 통해 참된 용서의 길을 제시해 주셨습니다. 그러므로 우리는 이제 그 이야기에 담긴 내용을 이해하기 원합니다.

우리 인생에서 하나님의 심판대 앞에 서 있던 순간, 구원의 소망이라고는 전혀 없던 순간을 떠올려 봅시다. 생명을 잃는 것 외에는 달리 아무 여지가 없는 순간이었습니다. 하나님은 우리 삶에 대한 최종보고서를 요구하셨고, 우리에게 남은 것이라곤 죄뿐이었습니다. 그것도 도저히 변상할 길이 없는 어마어마하게 큰 죄뿐이었습니다. 우리 삶은 죄로 얼룩지고 더러웠습니다. 우리는 하나님 앞에서 범죄자였습니다. 우리는 죄 외에는 아무것도, 정말이지 아무것도 내세울 것이 없었습니다.

한마디로 죄의 빚더미에 앉아 있었습니다. 소망이 없었고, 둘러보아도 구원의 길이라고는 보이지 않았습니다. 아무리 찾으려 해도 도움의 손길은커녕 완전히 홀로 버려진 상태였습니다. 우리 앞에 보이는 것이라곤 오로지 죄에 대한 형벌, 정의를 실현하는 심판이 기다리고 있을 뿐이었습니다. 하나님 앞에 우리는 똑바로 설 수도 없었습니다. 주 하나님 앞에 우리는 절망한 채 주저앉아 구걸할 뿐이었습니다. "주님, 내게 참으소서!" 오늘 본문에 나오는 회계하러 온 종처럼 우리 입에서는 허다한 말들이 쏟아져 나왔으며, "다 갚겠다"고 호소했습니다. 그러나 우리는 그 빚을 도무지 갚을 수 없다는 사실을 잘 알고 있었습니다.

그런데 갑자기 모든 것이 변했습니다. 하나님의 얼굴에서 진노의 흔적을 더 이상 찾아볼 수 없었습니다. 우리 인간을 향한 가슴 터질 듯한 아픔과 긍휼이 보일 뿐이었습니다. 하나님은 우리의 죄로 말미암은 빚을 모두 탕감해 주셨습니다. 용서해 주셨습니다. 우리에게 자유가 주어졌습니다. 두려움은 사라지고 기쁨이 찾아왔습니다. 우리는 하나님의 얼굴을 바라보며 감사드릴 수 있게 되었습니다.

회계하러 나온 종의 모습은 바로 죄 사함을 받기 전 우리의 모습이었습니다. 우리는 얼마나 잘 잊어버리는지요! 이렇게 큰 은혜를 받고 돌아서서는, 우리에게 작은 잘못을 저지른 사람, 우리를 속이고 비방했던 사람의 멱살을 잡고 말합니다. "네가 나에게 행한 죄값을 치러야 해! 난 너를 결코 용서할 수 없어!" 이 상황에서 우리는 도리어 이렇게 말해야 옳지 않을까요? "이 사람이 내게 행한 잘못은 내가 하나님을 거역하며 하나님께 지은 죄에 비하면 아무것도 아니야. 정말이지 비교할 수도 없어." 우리의 죄가 상대방의 죄보다 훨씬 심각한데, 우리가 감히 어떻게 다른 사람을 정죄하는 자리에 설 수 있겠습니까?

어떻게 하면 우리는 서로의 죄를 용서하며 살아갈 수 있을까요? 사랑하는 형제들이여, 하나님이 우리를 얼마나 엄청난 죄에서 구하시고 용서하셨는지 체험한 적이 있다면, 그 고통의 시간에 하나님이 우리 죄를 고백할 수 있도록 형제를 보내 주셨음을 아는 사람이라면, 완강하게 도움을 거절하는 죄 범한 자를 돕고자 할 때 감당해야만 하는 치열한 내면의 싸움을 아는 사람이라면, 그럼에도 불구하고 형제가 하나님의 이름으로 자신의 죄에 대해 용서를 선포하며 죄 사함의 은혜를 덧입기까지 기도하며 도운 것을 체험한 적이 있는 사람이라면, 정죄하며 복수하려는 생각을 하지 않습니다. 그 사람은 오직 한 가지를 생각할 뿐인데, 아무 조건이나 자격을 따지지 않고 형제가 당하는 고난을 함께 짊어지며, 섬기고 돕고 용서하는 것입니다. 그 사람은 죄 지은 형제를 더 이상 미워할 수 없으며, 오히려 그를 더욱더 사랑하며 모든 것을, 정말이지 모든 것을 용서합니다. 주 하나님, 우리로 당신의 긍휼을 맛보게 하시며 끝없이 긍휼을 실천하는 삶을 살게 하소서! 아멘.

열한 번째 메시지

선으로 악을 갚을 수 있을까?

선한 사람에게만 선하게 대하는 것이 아닙니다.
선하지 않은 사람에게도 선을 베푸어야 합니다.
평화를 사랑하는 사람과만 화평하게 지내는 것이 아닙니다.
우리의 평화로운 삶을 방해하는 사람과도 화평하게 지내야 합니다.
선한 자를 선하게, 평화를 사랑하는 자를 평화로 대하는 것은
이방인도 할 수 있는 일입니다.

그러나 예수 그리스도는 선한 자나 평화를 사랑하는 자를 위해
죽으신 것이 아닙니다.
그분은 바로 죄인을 위해, 원수를 위해 죽으셨으며,
선하지 않으며 미움에 사로잡힌 자, 살인자를 위해 죽으셨습니다.

우리 마음은 항상 친구들과 의로운 자들,
선하고 정직한 자들과 어울리기를 원합니다.
그러나 예수 그리스도는 원수들 가운데 계셨습니다.
바로 거기에 계시길 원했습니다.

우리도 예수님이 계셨던 그곳에 있어야만 합니다.
그것이 우리를 다른 모든 이단이나 종교와 구별시켜 줍니다.

1938년 1월 23일, 그로스 쉬륀빗츠[*]

로마서 12장 17-21절

아무에게도 악을 악으로 갚지 말고 모든 사람 앞에서 선한 일을 도모하라 할 수 있거든 너희로서는 모든 사람과 더불어 화목하라 내 사랑하는 자들아 너희가 친히 원수를 갚지 말고 하나님의 진노하심에 맡기라 기록되었으되 원수 갚는 것이 내게 있으니 내가 갚으리라고 주께서 말씀하시니라 네 원수가 주리거든 먹이고 목마르거든 마시게 하라 그리함으로 네가 숯불을 그 머리에 쌓아 놓으리라 악에게 지지 말고 선으로 악을 이기라.

우리는 방금 '내게 긍휼하심이 임했네'(필립 프리드리히 힐러[Philipp Friedrich Hiller]의 합창곡, 1767)라는 찬양을 불렀습니다. 그리스도의 모든 교회는 날마다 새롭게 이 노래를 부릅니다. "내게 긍휼하심이

---

[*] 1937년에 이르러 핑켄발데의 설교자 학교는 경찰의 압력으로 문을 닫게 되었다. 본회퍼는 더욱 큰 위험 부담을 안은 채 공식적으로는 슐라베(Schlawe)의 보조 설교자로 일하면서 쾨슬린(Köslin)과 그로스 쉬륀빗츠를 중심으로 1940년 3월 게슈타포에 의해 신학교가 완전히 폐쇄될 때까지 비밀리에 신학교 운영을 계속해 나간다.

임했네." 내가 하나님 앞에서 아직 마음 문을 닫고 있을 때, 내 맘대로 죄악된 길을 가고 있을 때, 하나님보다도 죄를 더 사랑하고 있을 때, 내 죄로 인해 처량하고 비참한 처지가 되었을 때, 길을 잃고 어디로 가야 할지 모르던 그때, 하나님은 말씀으로 나를 찾아오셨습니다. 나는 하나님이 나를 사랑하신다는 말씀을 들었고, 그때에 예수님을 만났습니다. 예수님이 내 곁에 오셨습니다. 오직 예수님 한 분만이 내 곁에서 나를 위로해 주셨습니다. 내 모든 죄를 용서하여 주셨으며, 내 죄악에 대해서는 아무것도 묻지 않으셨습니다.

"내게 긍휼하심이 임했네." 내가 하나님의 계명을 무시하고 원수로 살고 있을 그때에, 하나님은 나를 친구처럼 대해 주셨습니다. 내가 하나님께 악을 행하고 있을 그때에도, 하나님은 나를 오직 선함으로 대하실 뿐이었습니다. 하나님은 나의 악함에 대해 묻지 않으셨고, 지칠 줄 모르는 사랑으로 나를 찾고 또 찾으셨습니다. 하나님은 나와 함께 고통을 당하셨고, 나를 대신하여 죽으셨습니다. 나를 위해서라면 하나님은 하지 못하실 일이 없었습니다. 그리하여 하나님은 나를 이기고 승리하셨습니다. 하나님은 그분의 원수였던 나를 친구로 얻으셨습니다. 아버지가 그분의 자녀를 잃었다가 다시 찾으셨습니다.

우리가 '내게 긍휼하심이 임했네'라고 노래할 때면, 이런 은혜를 떠올리는 것이 아닌가요? 하나님이 왜 이렇게 나를 사랑하시는지, 왜 나를 이토록 귀히 여기시는지, 저는 도무지 이해하지 못합니다. 그분이 목숨을 내어 주시면서까지 제 마음을 얻길 원하셨고 마침내 제 마음을 얻을 수 있었다는 사실에 대해, 저는 도무지 이해할 수 없습니다. 그러나 지금 저는 고백할 수 있습니다. "내게 긍휼하심이 임했네…."

하나님의 크신 긍휼하심에 대해 우리로서는 도무지 깨달을 수도 이해할 수도 없으므로, 오늘 본문은 "스스로 지혜 있는 체 말라"고 하는 것입니다. "너희가 사업을 벌이고, 너희 일을 행할 때에는 아주 사려 깊고 유능한 사람일지 모르나, 하나님의 긍휼에 대해서만큼은 어린아이처럼 어리석다"고 하는 것입니다. 마찬가지로 하나님은 우리가 원수와 맞서 승리하는 방법에 대해서나, 어떻게 원수를 친구로 만드시는지에 대해서는 우둔하기 짝이 없다는 말씀을 하시는 것입니다.

오늘 본문은 원수를 대하는 그리스도인의 자세가 어떠해야 하며, 그리스도인은 원수를 어떤 방법으로 '이겨야' 하는지에 대해 말씀하고 있습니다. 이 문제는 각 성도의 삶에서와 마찬가지로 그리스도인의 공동체에서도 언제나 새롭게 대두되고 있는 중요한 이슈입니다. 이 문제에 있어 우리는 철저하게 어리석어서, "스스로 지혜 있는 체 말라"고 시작하는 본문 말씀과는 정반대로 생각하고 있습니다.

이 말씀은 우선 우리 인생을 인도하시는 하나님의 방법에 대해 우리의 지혜로는 도무지 깨달을 수 없다는 사실을 상기시켜 줍니다. 하나님이 우리를 찾아오셨으며 용서하셨다는 사실, 우리를 대신하여 자기 아들을 희생하심으로 우리 마음을 돌이켜 회개케 하셨다는 사실은, 우리 인간의 지혜가 다다를 수 없는 낯선 영역입니다. 이 사실이 우리에게 말해 주는 바는, "너희가 원수를 만나거든, 가장 먼저 너 자신이 하나님과 원수되었던 때를 기억하고, 하나님이 네게 베푸신 긍휼을 생각하라"는 것입니다.

"스스로 지혜 있는 체 말라." 이 말씀은 또한 우리 인류 역사의 시초에 대한 중요한 기억이기도 합니다. 사탄은 아담과 하와에게 지혜를 약속했습니다. 하나님과 같이 지혜로워져서 선과 악이 무엇인지 알게 될 거라는 약속이었습니다. 그 약속은 그들이 선과 악에 대해 스스로 판단하는 자들이 된다는 것이었습니다. 아담이 지혜롭게 된다는 사탄의 제안을 받아들인 결과, 전 인류는 모든 신적인 것에 대해 뭔가 알고 있으며 충분히 신적인 것을 말할 수 있다고 생각하게 되었습니다. 하나님과 사람을 어떻게 대해야 하는지 알고 있다고 생각하게 되었습니다. 자신의 지혜를 사용하여 좋은 세상을 일구어 나갈 수 있으리라 생각하게 되었습니다.

그러나 무슨 일이 일어났습니까? 아담과 하와의 첫아들은 다름 아닌 자기 동생을 죽인 살인자 가인이었습니다. 이 세상의 첫 사람, 아담과 하와의 첫 소생은 형제를 죽인 살인자였던 것입니다. 에덴에서 뿌려진 악의 씨앗이 싹을 틔운 사건입니다. 첫사람 아담과 하와가 얻고자 했던—하나님과 같이 되고자 했던—지혜의 열매였습니다! 우리에게 뭔가 생각하도록 하는 것이 있지 않습니까?

"스스로 지혜 있는 체 말라." 자기 형제를 죽이는 살인자가 되지 않으려면, 스스로 지혜 있는 체하지 말라는 것입니다. 사람을 어떻게 대해야 하는지, 원수를 어떻게 대해야 하는지 알고 있다고 생각하지 말라는 것입니다. 선이 무엇이며, 악이 무엇인지 알고 있다고 생각하지 말라는 것입니다. 그렇지 않으면 인류는 서로 뒤엉켜 멸망의 길을 걷게 될 것입니다.

'스스로 지혜 있는 체 말고', 인류에 대한 하나님의 길, 원수에 대한 하나님의 길을 바라보라는 것입니다. 하나님이 걸으셨던 그 길은 성경 말씀에서도 어리석은 길이라고 칭할 정도로 진짜 어리석어 보입니다. 원수를 향한 하나님의 사랑의 길은 십자가에서 죽으시기까지 사랑하는 것이었기 때문입니다. 그러므로 전 인류를 향하신 난공불락의 하나님 사랑, 자녀된 우리와 똑같이 우리 원수를 향하신 하나님의 지칠 줄 모르는 사랑의 증거인 예수 그리스도의 십자가를 아는 것이 최고의 지혜입니다. 혹시 하나님이 우리 원수보다 우리를 더 사랑하실 것이라고 생각합니까? 우리가 하나님께 특별한 사랑을 받는 자녀라고 생각합니까? 그렇게 생각하고 있다면, 우리는 그리스도인이기를 포기하고 바리새인의 자리에 눌러앉아 있는 것입니다.

하나님이 우리보다 우리 원수를 덜 사랑하시겠습니까? 하나님은 우리만이 아니라 우리 원수를 위해서도 이 세상에 오셨으며, 그들을 위해 고난당하셨고, 그들을 위해 죽으셨습니다. 십자가는 그 누구의 개인 소유물이 될 수 없습니다. 십자가는 전 인류에게 속한 것이며 전 인류를 위한 것입니다. "하나님은 원수를 사랑하신다"고 십자가는 우리에게 말해 주고 있습니다. 하나님은 우리의 원수를 위해 고난당하시고, 그들을 위해 고민하시며 아파하십니다. 하나님은 그들을 위해 자신의 사랑하는 아들을 내어 주셨습니다. 인생길에서 원수를 만나게 될 때면, 우리는 즉시 '하나님이 그를 사랑하신다'는 사실을 떠올려야 합니다.

"그러므로 스스로 지혜 있는 체 말라." 이 말씀은 원수를 대하는 우리의 태도가 어떠해야 하는지 알려 줍니다. 그것은 첫째로 "너도 하나님의 원수였다는 사실과 아무 자격 없는 자에게 조건 없이 하나님의 긍휼하심이 임했다는 사실을 기억하라"는 것입니다. 둘째로는 "하나님은 네 원수를 위해서도 십자가의 길을 가셨으며, 너를 사랑하시는 것과 마찬가지로 네 원수를 사랑하신다는 사실을 기억하라"는 것입니다.

그러므로 "아무에게도 악을 악으로 갚지 말고 모든 사람 앞에서 선한 일을 도모하라 할 수 있거든 너희로서는 모든 사람과 더불어 화목하라." 이제 아주 구체적으로 생각해 봅시다. 이웃 사람 중에 아니면 우리가 알고 지내는 사람들 중에, 나에 대해 끊임없이 나쁘게 말하며, 내게 모욕을 주고, 공공연하게 내게 불의를 행하며, 할 수만 있으면 나를 괴롭히고 힘들게 하는 사람이 있다고 합시다. 그를 보기만 해도 피가 거꾸로 솟는 듯하고 엄청난 분노로 치가 떨리는 사람이 있다고 합시다. 우리가 이렇게 반응하게 되는 사람이 바로 원수입니다. 지금이 조심해야 할 때입니다. 그리고 '사람으로 말미암은 것이 아니라, 오직 하나님으로 말미암아 내가 긍휼하심을 입었으며, 예수 그리스도는 저 원수를 위해서도 죽으셨다는 사실'을 재빨리 기억해야만 하는 것입니다.

그러면 갑자기 모든 것이 달라집니다. 이제 우리는 "악을 악으로 갚지 말라"고 하시는 말씀을 듣게 됩니다. "네 손을 들어 치지 말며, 노한 채 입을 열지 말고, 도리어 잠잠하라"는 말씀을 듣게 됩니다. 여러분에게 악을 행하는 자가 여러분을 상하게 할 수 없습니다. 악은 여러분을 상하게 하는 것이 아니라 악을 행하는 자를 상하게 할 뿐입니다. 불의를 당하는 것으로 인해, 그리스도인이 상하게 되는 법은 없습니다. 불의는 불의를 행하는 사람을 상하게 할 뿐입니다.

그러므로 악은 여러분이 악해지기만을 바랍니다. 그렇게 되면 비로소 악이 여러분에게 승리할 수 있기 때문입니다. 그러므로 악을 악으로 갚지 마십시오. 그렇게 함으로써 악에게 해를 입히는 것이 아니라 여러분 자신만 상처를 입기 때문입니다. 여러분에게 악한 일이 일어난다면, 위험에 처하는 것은 여러분이 아니라 여러분에게 악을 행하는 그 사람입니다. 여러분이 그를 돕지 않는다면, 그는 자신이 행한 악으로 인해 자기 생명을 잃게 될 것입니다. 그러므로 타인을 위하여, 그리고 여러분의 책임을 다하기 위하여, 악을 악으로 갚지 마십시오. 하나님이 여러분의 악을 악으로 갚은 적이 단 한 번이라도 있었습니까?

"모든 사람 앞에서 선한 일을 도모하라…너희로서는 모든 사람과 더불어 화목하라." '모든 사람 앞에서', '모든 사람과 더불어', 즉 예외가 없습니다. 선한 사람에게만 선하게 대하는 것이 아닙니다. 선하지 않은 사람에게도 선을 베풀어야 합니다. 평화를 사랑하는 사람과만 화목하게 지내는 것이 아닙니다. 우리의 평화로운 삶을 방해하는 사람과도 화목하게 지내야 합니다. 선한 자를 선하게, 평화를 사랑하는 자를 평화로 대하는 것은 이방인도 할 수 있는 일입니다. 그러나 예수 그리스도는 선한 자나 평화를 사랑하는 자를 위해 죽으신 것이 아닙니다. 그분은 바로 죄인을 위해, 원수를 위해 죽으셨으며, 선하지 않으며 미움에 사로잡힌 자, 살인자를 위해 죽으셨습니다.

우리 마음은 항상 친구들과 의로운 자들, 선하고 정직한 자들과 어울리기를 원합니다. 그러나 예수 그리스도는 원수들 가운데 계셨습니다. 바로 거기에 계시길 원했습니다. 우리도 예수님이 계셨던 그곳에 있어야 합니다. 그것이 우리를 다른 모든 이단이나 종교와 구별시켜 줍니다.

경건한 자들은 경건한 자들 속에 있고자 합니다. 그러나 그리스도인은 예수님처럼 원수들 가운데 있는 것을 당연하게 여겨야 합니다. 예수님은 원수들 속에서 하나님의 사랑의 죽음으로 죽으시면서 기도하셨습니다. "아버지 저들을 사하여 주옵소서 자기들이 하는 것을 알지 못함이니이다"(눅 23:34). 그리스도는 원수들 속에서 승리하길 원하셨습니다. 그러므로 우리에게 물러서지 말며 우리끼리만 모여 있지 말고, 모든 사람 앞에서 선한 일을 도모하며, 할 수 있거든 모든 사람과 더불어 화목하라고 하신 것입니다.

"할 수 있거든." 이 말은 우리의 평화로운 삶은 항상 방해를 받을 것이며, 우리를 욕하고 핍박하는 일도 피할 수 없다는 의미입니다. 그렇기에 '할 수 있거든'이라는 말을 사용함으로써, 그럼에도 불구하고 결코 우리가 분쟁의 도화선이 되어서는 안 된다는 것을 강조하고 있습니다. 우리 마음에는 항상 평화가 가득해야 한다는 말입니다.

이 말이 '우리가 사랑하는 평화를 얻기 위해' 하나님의 말씀에 대해서도 침묵해야 한다는 뜻입니까? 결코 그렇지 않습니다. 하나님이 이 세상과 더불어 이루신 평화에 대해 선포하는 것보다 더 평화로운 말이나 실천이 있을 수 있겠습니까? "할 수 있거든." 그러나 단 한 가지, 하나님의 말씀에 대해 침묵하는 일만은 가능하지 않습니다. 할 수만 있다면 우리는 갈기갈기 찢겨지고 나누어진 인간 세상 가운데서 평화를 말하며, 사람들에게 하나님과 화평을 이루는 길에 대해 말해 주어야 합니다. 우리가 원수였을 때에, 예수님은 우리와 평화를 이루셨습니다. 예수님은 십자가에서 우리의 모든 원수와도 평화를 이루셨습니다. 모든 사람 앞에서 이 평화를 나타냅시다!

"너희가 친히 원수를 갚지 말고…." 자기 손으로 원수를 갚으려 하는 자는 스스로 세상과 사람들의 재판관이 되려는 것입니다. 결국 그가 하려던 복수가 자기 머리로 돌아오고 말 것입니다. 친히 원수를 갚으려고 하는 자는, 하나님이 그를 위해 죽기까지 하심으로써 이미 그분의 손을 그 원수 위에 두셨다는 사실을 잊어버리고 있는 것입니다. 사람에 대해 복수하려는 자는 그리스도의 죽으심을 헛되이 만드는 것이며, 화목제물로 흘리신 피에 대해 죄를 짓는 것입니다. 그리스도는 나를 위해 죽으셨으며, 나의 원수를 위해서도 죽으셨습니다. 나와 나의 원수를 함께 구원하기 위해 죽으셨습니다. 그러므로 원수를 갚으려 한다면, 그것은 다른 사람의 구원을 멸시하는 것입니다. 복수는 다른 사람을 상하게 하는 것이 아니라, 나를 위해 죽으신 그리스도의 구원의 공로로부터 나 자신이 떨어지는 결과를 초래할 뿐입니다.

원수를 갚지 말라고 하시는 그리스도의 말씀에 순종하는 것은 힘든 자기 희생을 요구합니다. 어쩌면 이 세상에서 가장 포기하기 어려운 일일 수도 있습니다. 왜냐하면 인간의 본성 자체가 원수에게 복수해야 한다고 호소하고 있기 때문입니다. 복수하려는 욕망은 다른 어떤 욕망보다도 강하게 인간의 피 속에 흐르고 있습니다. 그러나 우리는 더 이상 복수할 수 없다는 사실을 알고 있습니다. 나의 눈 앞에 원수가 서 있으면, 드디어 원수를 갚을 기회가 왔다는 강렬한 복수심이 나를 찾아올 것입니다. 그럴 때면 예수 그리스도가 내 원수 뒤에 서 계시며, 손을 들어 원수를 치지 말고 원수 갚는 일을 자신에게 맡겨 달라고 간청하십니다.

"하나님의 진노하심에 맡기라…내가 갚으리라고 주께서 말씀하시니라." 정말 무서운 말씀입니다. 하나님의 복수가 무엇을 의미하는지 안다면 우리는 그 말씀을 듣고도 가만히 있을 수 있을까요? 우리는 즉시 "아닙니다. 복수하지 말아 주세요. 아니, 그가 제 원수일지라도 하나님의 진노하시는 손에 빠져들기를 저는 원하지 않으며 원할 수도 없습니다"라고 간구하게 될 것입니다.

그러나 하나님은 말씀하십니다. "원수 갚는 것이 내게 있으니 내가 갚으리라." 하나님은 악에 대해 복수하기 원하십니다. 또한 악에 대해 복수하셔야만 합니다. 그런데 하나님은 우리가 이해할 수 없는 방법으로 이미 복수를 하셨습니다. 그 복수는 기적 중의 기적입니다. 하나님은 우리가 그분의 원수였을 때에 우리에게 복수하지 않으셨습니다. 날이면 날마다 하나님께 죄를 짓는 우리에게 복수하지 않으셨고, 우리의 원수에게도 복수하지 않으셨습니다. 하나님은 자기 자신에게, 사랑하는 자기 아들에게 복수하셨습니다. 예수님께 우리의 모든 죄를 지우셨고, 그 죄를 징계하셨습니다. 하나님은 예수님을 절망과 하나님께 버림받는 지옥의 고통 속에 두셨습니다. 바로 그 시간에 예수님은 "아버지여, 저희를 용서하여 주옵소서"라고 기도하셨습니다. 하나님 자신이 아픔과 고통을 당하시면서, 우리를 용서하시고 영접해 주시는 것이 하나님의 복수입니다. 하나님 자신이 고난을 당하시며 원수를 용서하시는 것이 하나님의 복수입니다. "스스로 지혜 있는 체 말라! 너희를 향하신 하나님의 길은 너무 높고 놀라우며, 너무나도 긍휼이 풍성하시고 사랑이 넘치도다"라는 여운이 우리 속에서 울리고 있지 않습니까?

하나님의 복수에 관한 말씀에 이어, 우리에게 주시는 말씀은 참으로 놀랍지 않습니까? "네 원수가 주리거든 먹이고 목마르거든 마시게 하라 그리함으로 네가 숯불을 그 머리에 쌓아 놓으리라." 하나님은 원수를 위해 자기 생명을 주셨습니다. 자기의 모든 것을 주셨습니다. 그러니 이제 너도 원수에게 네가 가진 것을 주라는 것입니다. 그가 주리거든 빵을, 그가 목마르거든 물을, 그가 연약하거든 도움을 주라는 것입니다. 축복과 긍휼과 원수 사랑을 그에게 베풀라는 것입니다.

그 사람이 그럴 만한 가치가 있습니까? 그렇습니다. 미움에 사로잡힌 그 사람보다 더 우리의 사랑이 필요하며 사랑할 만한 가치가 있는 사람이 어디에 있겠습니까? 우리의 원수보다 더 가난한 자가 어디에 있으며, 우리의 원수보다 더 우리의 도움이 필요하며 우리의 사랑이 필요한 사람이 어디에 있겠습니까?

여러분은 한 번이라도 원수를 이런 눈으로 바라본 적이 있습니까? 그가 너무나 가련한 모습으로 여러분 앞에 서서, "나를 도와주시오. 증오심에서 나를 구할 수 있는 단 하나, 사랑을 내게 주시오. 하나님의 사랑, 못 박히신 구주의 사랑을 내게 선사해 주시오"라며 애걸하고 싶지만, 차마 입을 열어 구하지는 못하고 있다고 생각해 본 적이 있습니까? 모든 위협과 주먹은 그가 너무도 비참하기 때문이며, 근본적으로 하나님의 사랑과 평화, 형제애를 구걸하고 있는 것에 불과합니다. 여러분의 원수를 거절한다면, 그것은 여러분의 문 앞에서 구걸하고 있는 가난한 자 중에서도 가장 가난한 자를 거절하는 것과도 같습니다.

활활 타오르는 숯불! 숯불이 우리 몸에 닿으면 고통스럽고 아픕니다. 사랑도 고통스럽고 아플 수 있습니다. 사랑은 찢어지도록 비참한 우리의 모습을 깨닫게 해줍니다. 증오와 위협에도 불구하고, 오직 사랑 말고는 아무것도 발견하지 못할 때, 뼈아픈 회개가 일어나는 것입니다. 하나님은 우리로 하여금 이런 아픔을 알게 하셨습니다. 우리가 이런 아픔을 느꼈던 순간이 바로 회심의 시간이었습니다.

이제 목적지에 도달했습니다. "악에게 지지 말고 선으로 악을 이기라." 그리스도도 우리에게 이렇게 하셨습니다. 예수님은 우리의 악함을 인하여 당황하지 않으셨고 우리의 악함에 지지 않으셨습니다. 우리의 악함을 선으로 이기셨습니다.

어떻게 이런 일이 일어납니까? 다른 사람의 악에 대해 악하게 대함으로써 악을 살찌우지 않으며, 다른 사람의 미움에 대해 미움으로 맞대응함으로써 미움을 살찌우지 않고, 오직 악이 허공을 치게 함으로써 악이 발생시킬 불씨를 완전히 꺼 버리는 것입니다. 우리가 어떻게 악을 이깁니까? 끝없이 용서함으로써 이깁니다. 어떻게 그럴 수 있습니까? 우리가 진리 안에 있는 원수의 모습을 미리 그려 보고, 그리스도께서 그를 위해 죽으셨으며 그를 사랑하신다는 사실을 바라봄으로써입니다. 교회는 어떻게 원수에 대해 승리의 노래를 부를 수 있습니까? 그리스도의 사랑이 원수를 이기고 승리하도록 함으로써입니다. 아멘.

열두 번째 메시지

그 평화를 누리고 지켜 낼 수 있을까?

지난 몇 년간
우리 교회는 수많은 환난을 겪어야 했습니다.
교회 질서는 무너지고,
거짓이 선포되며,
교회를 향한 적대감이 형성되고,
악한 말과 비방이 난무하며,
어떤 이는 감옥에 갇혔습니다.
오늘 이 시간까지도 이런 환난은
여러 가지 모양으로 나타나고 있습니다.
또 앞으로 어떠한 환난들이 우리를 기다리고 있는지
아무도 예측할 수 없습니다.

그러나 한 가지 분명한 것은
하나님이 우리를 시험하길 원하셨고,
또 시험하려 하신다는 사실입니다.
지금 이 순간 중요한 것은 우리가 진정으로
하나님과 화평을 누리는 삶을 살았는지,
아니면 지금까지 완전히 세상 평화로 만족하며 살았는지
점검해 보는 것입니다.

1938년 3월 9일, 그로스 쉬륀빗츠

로마서 5장 1-5절

그러므로 우리가 믿음으로 의롭다 하심을 받았으니 우리 주 예수 그리스도로 말미암아 하나님과 화평을 누리자 또한 그로 말미암아 우리가 믿음으로 서 있는 이 은혜에 들어감을 얻었으며 하나님의 영광을 바라고 즐거워하느니라 다만 이뿐 아니라 우리가 환난 중에도 즐거워하나니 이는 환난은 인내를, 인내는 연단을, 연단은 소망을 이루는 줄 앎이로다 소망이 우리를 부끄럽게 하지 아니함은 우리에게 주신 성령으로 말미암아 하나님의 사랑이 우리 마음에 부은 바 됨이니.

"하나님과 화평을 누리자." 우리는 이제 하나님과 원수되어 살던 삶에 종지부를 찍었습니다. 완강하게 반항하던 우리 마음이 하나님의 뜻에 순종하게 되었습니다. 우리의 이기적인 소원은 잠들었습니다. 하나님이 승리하셨습니다. 이제 하나님이 미워하시는 우리 육신의 소욕은 깨어졌으며 조용히 침묵해야만 합니다.

"그러므로 우리가 믿음으로 의롭다 하심을 받았으니…하나님과 화평을 누리자." 하나님은 의로우십니다. 오직 하나님만이 의로우십니다. 우리가 방금 불렀던 노래는 하나님만이 의로우심을 고백하고 있습니다. 우리는 "무슨 일이 닥쳐오더라도 당신은 의로운 하나님이 십니다"라고 노래했습니다. 우리가 그분의 길을 이해하든 이해하지 못하든 하나님은 의로우십니다. 그분이 우리를 징계하며 훈련하시든, 우리에게 은혜를 베푸시든, 하나님은 의로우십니다. 하나님은 의로우시며, 우리는 범죄자입니다.

우리 눈으로는 이해할 수 없더라도, 우리의 믿음은 오직 하나님만이 의로우심을 고백할 수 있어야 합니다. 자신의 삶에 일어나는 모든 일들 속에서 하나님이 전적으로 의로우심을 믿음으로 고백하는 사람은, 하나님 앞에서 의로운 자리로 옮겨졌으며, 하나님께 인정받는 믿음으로 의롭다 칭함을 얻게 됩니다. 그는 하나님의 의로우심을 믿음으로 말미암아 의롭게 되었고, 하나님과 화평을 누리게 되었습니다.

"우리 주 예수 그리스도로 말미암아 하나님과 화평을 누리자." 이제 죄인된 우리에 대한 하나님의 싸움도 끝이 났습니다. 하나님은 그분의 뜻에 순종하려 하지 않는 육체의 소원을 미워하십니다. 하나님의 인내가 최고조에 차오르기까지, 하나님은 우리를 향해 수도 없이 외치셨고 애타게 부르짖으며 임박한 심판을 경고하셨습니다. 마침내 하나님은 우리를 향해 매를 드셔야 했고, 그 매를 사정없이 내리치셨습니다. 그 매는 이 세상에서 죄가 없으신 유일한 분을 쳤습니다. 바로 하나님의 사랑하시는 아들, 우리 주 예수 그리스도였습니다. 예수 그리스도는 우리를 위해 십자가에서 죽으셨고, 하나님의 진노를 받으셨습니다. 하나님은 이를 위해 예수님을 이 세상에 보내셨습니다. 예수님이 하나님의 뜻과 의로우심에 죽기까지 복종하셨을 때에야 비로소 하나님의 진노가 풀렸습니다. 하나님이 예수 그리스도를 통해 우리와 화평을 이루셨다는 사실은 얼마나 놀라운 비밀입니까!

"하나님과 화평을 누리자." 십자가 아래 화평이 있습니다. 여기 십자가 아래서 우리는 하나님의 뜻에 복종하게 되며, 우리 자신의 뜻을 굴복시키게 됩니다. 여기 십자가 아래에, 하나님 안에서 누릴 수 있는 쉼과 고요함이 있고, 우리의 모든 죄를 용서받은 데서 오는 양심의 평화가 있습니다. 여기 십자가 아래에서 "우리가 믿음으로 서 있는 이 은혜에 들어감을 얻었으며", 여기 십자가 아래에서 우리는 날마다 하나님과 화평을 누리게 됩니다. 여기 십자가 아래 하나님과 화평을 누릴 수 있는 유일한 길이 있습니다. 오직 예수 그리스도 안에서 하나님의 진노는 풀렸고, 우리가 하나님의 뜻 안으로 들어갈 수 있는 통로가 열렸습니다.

그러므로 예수 그리스도의 십자가는 하나님의 영광이 도래하기를 바라며 즐거워하는 우리 교회의 기쁨과 소망에 대한 영원한 근거입니다. "하나님의 영광을 바라고 즐거워하느니라." 여기 십자가 안에서 하나님의 의와 승리가 이 땅 위에 선포되기 시작했습니다. 언젠가 하나님은 십자가 안에서 온 세상에 그분의 모습을 나타내실 것입니다. 그리고 우리가 십자가에서 얻어 누리는 화평은 하나님 나라에서 영원하고 영광스러운 평화로 이어지게 될 것입니다.

이 땅에서 우리에게 허락된 지고한 축복, 즉 예수 그리스도 안에서 하나님을 아는 지식과 십자가 안에서 누리는 하나님과의 화평으로 충만한 이 상태가 우리에게 요구되는 신앙생활의 전부라면 얼마나 좋겠습니까? 그러나 성경 말씀은 우리를 여기에서 놓아 주지 않습니다. 성경은 "다만 이뿐 아니라" 하고 말씀합니다. 아직 말씀이 끝나지 않았습니다. 방금 예수 그리스도의 십자가에 관해, 예수 그리스도 안에 있는 하나님과의 화평에 관해 말했는데, 무슨 말씀이 더 남아 있는 것일까요?

그렇습니다. 사랑하는 성도 여러분, 아직 말씀이 한마디 더 남아 있습니다. 즉, 여러분 자신에 관한 말씀, 십자가 아래에 있는 여러분의 삶에 관한 말씀이 한마디 더 남아 있습니다. 하나님은 하나님과 화평을 누리는 여러분의 삶이 실제로 어떠해야 하는지 시험하길 원하십니다. 그리하여 화평이 단지 말에만 그치지 않고, 하나의 실재가 되어 실생활에 그대로 나타나길 원하십니다. 그래서 여러분이 잠시 이 땅에서 살아가는 동안, 어떻게 하나님과의 화평을 지켜 나갈 수 있는지 말씀해 주시는 것입니다.

그것은 바로 "다만 이뿐 아니라 우리가 환난 중에도 즐거워하나니"라는 말씀입니다. 우리가 정말 하나님과 화평을 누리고 있는지 아닌지는, 닥쳐오는 환난에 대해 어떤 태도를 갖느냐로 판가름할 수 있습니다. 예수 그리스도의 십자가 앞에서 무릎을 꿇는 그리스도인들은 많습니다. 그러나 그들의 삶에 작은 환난의 그림자라도 스치고 지나가면, 즉시 거부하고 반항합니다. 그들은 자신이 예수님의 십자가를 사랑한다고 믿고 있지만, 자신의 삶에 주어지는 십자가는 미워합니다. 그리하여 실상은 예수 그리스도의 십자가를 미워하며, 모든 수단과 방법을 동원하여 십자가를 벗어던지려 애쓰는 가운데 십자가를 멸시하고 있습니다.

자신의 삶에 닥쳐오는 고난과 환난을 악한 것으로 생각하고 원수처럼 여기는 사람은, 아직 하나님과 화평을 누리지 못한 사람입니다. 그가 추구하는 것은 단지 이 세상과의 평화였을 뿐입니다. 그는 예수 그리스도의 십자가를 이용하여, 마음속에 일어나는 온갖 의문에 대해 자기 자신과 타협점을 찾았을 뿐입니다. 즉 그가 추구한 것은 오직 자기 영혼의 평화였습니다. 그는 자신을 위해 십자가가 필요했을 뿐, 진실로 십자가를 사랑한 것이 아닙니다. 그가 평화를 추구한 까닭은 오직 자기 자신만을 위한 이기적인 목적에서였습니다. 그러므로 환난이 닥쳐오는 순간, 이런 평화는 금방 사라져 버리고 맙니다. 그것은 하나님과의 화평이 아니었기 때문입니다. 그는 하나님이 주시는 환난을 미워하므로 하나님과 진정한 화평을 누릴 수 없습니다.

자신의 삶에 일어나는 환난과 역경, 비방당하는 아픔, 자신의 권리를 빼앗기고 심지어 감옥에 갇히기까지 하는 고난을 미워하기만 하는 사람은, 그가 입술로 아무리 십자가를 높인다 할지라도, 예수님의 십자가를 미워하는 사람이며 하나님과의 화평을 이루지 못한 사람입니다. 예수 그리스도의 십자가를 사랑하는 사람, 십자가 안에서 하나님과의 화평을 찾은 사람은 자기 삶에 닥쳐오는 환난마저도 사랑하기 시작합니다. 그리고 나중에는 말씀 그대로 "우리가 환난 중에도 즐거워하나니"라고 고백할 수 있게 됩니다.

지난 몇 년간 우리 교회는 수많은 환난을 겪어야 했습니다. 교회 질서는 무너지고, 거짓이 선포되며, 교회를 향한 적대감이 형성되고, 악한 말과 비방이 난무하며, 어떤 이는 감옥에 갇혔습니다. 오늘 이 시간까지도 이런 환난은 여러 가지 모양으로 나타나고 있습니다. 또 앞으로 어떠한 환난이 우리를 기다리고 있는지 아무도 예측할 수 없습니다. 그러나 한 가지 분명한 것은 하나님이 우리를 시험하길 원하셨고, 또 시험하려 하신다는 사실입니다. 지금 이 순간 중요한 것은 우리가 진정으로 하나님과 화평을 누리는 삶을 살았는지, 아니면 지금까지 완전히 세상 평화로 만족하며 살았는지 점검해 보는 것입니다.

그런데 지금 우리는 환난을 어떤 자세로 받아들이고 있습니까? 우리는 이런 환난에 대해 얼마나 불평하고 반항하며 증오하고 있습니까? 예수님의 십자가가 조금이라도 우리 개인의 삶에 어두운 그늘을 드리운다 싶으면, 우리는 두려움에 휩싸여 십자가를 부인하며 어찌하든지 피하려 한다는 사실이 환히 드러나고 말았습니다. 우리는 자신에게 닥치는 고난과 불이익, 미움과 위험을 피해 가면서도, 하나님과 화평을 유지할 수 있다고 생각했습니다. 그중에서도 최악의 경우는, 고난당하는 형제를 멸시하고 있다는 사실을 그리스도인 형제들 사이에서 묵인하고 있다는 것입니다. 그런 방법으로 양심의 가책을 잠재울 수 있다고 생각하는 것입니다.

그러나 하나님은 환난 속에서 그 믿음이 참되다는 것을 인정받지 않은 자를 결코 하나님 나라에 들이지 않으실 것입니다. "우리가 많은 환난을 당하고 하나님 나라에 들어가야 하리라"(행 14:22 참조). 그러므로 우리는 너무 늦기 전에, 우리에게 닥쳐오는 환난을 사랑하고 기뻐하며 즐거워하는 법을 배워야 합니다.

"이는 환난은 인내를, 인내는 연단을, 연단은 소망을 이루는 줄 앎이로다 소망이 우리를 부끄럽게 하지 아니함은…." 하나님의 말씀은 우리가 환난을 어떤 눈으로 바라보아야 하는지, 어떻게 이해해야 하는지 가르쳐 줍니다. 우리 인생에서 너무도 가혹하고 적대적으로 보이는 환난 속에는, 그리스도인으로서 발견할 수 있는 가장 귀한 보화가 가득 들어 있습니다. 환난은 땅속 깊이 들어가면 갈수록 처음에는 청동을, 그 다음에는 은을, 맨 마지막에는 금을 발견하게 되는 광부의 갱도와도 같습니다. 환난은 처음에는 인내의 열매를, 그 다음에는 연단의 열매를, 그 다음에는 소망의 열매를 맺게 합니다. 그러므로 환난을 피해 가려는 사람은 하나님이 자기 백성에게 주시는 가장 큰 선물을 내던져 버리는 것과도 같습니다.

"환난은 인내를!" 인내라는 말을 그대로 직역하면, '짐을 벗어던지지 않고 무거운 짐 밑에 머무르며 감당하고 견디어 내는 것'입니다. 오늘날 교회는 참고 견디는 인내 속에 감추어진 고유의 축복에 대해 거의 모르고 있습니다. 자기에게 지워진 무거운 짐을 흔들어 떨쳐 버리지 않고 감당하며, 그러면서도 결코 주저앉아 버리지 않고 끝까지 참아 견디어 내는 것, 그리스도께서 십자가를 지셨던 것처럼 참고 견디며, 바로 그 자리에서 그리스도를 발견하는 삶의 축복에 대해 너무 모르고 있습니다. 하나님이 무거운 짐을 지우실 때에, 인내를 아는 자는 겸손히 머리를 숙이며 낮아지는 것이 자신에게 유익함을 믿고 참고 견디어 냅니다. 무거운 짐을 지고 그 아래 머무르는 것입니다! 확고하고 강한 마음으로 참고 견디어 내는 것입니다. 유약하게 물러서거나 포기하지 않고, 흔들림 없이 하나님과의 화평을 지켜 나가는 것입니다. 하나님의 화평은 인내하는 자에게 주어집니다.

"인내는 연단을!" 그리스도인의 삶은 말에 있지 않고, 연단에 있습니다. 이런 연단 없이는 아무도 그리스도인이라 할 수 없습니다. 여기에서 연단이란 단순한 삶의 연단이 아니라, 하나님을 경험하는 것을 일컫는 말입니다. 그것도 하나님이 주시는 모든 종류의 연단을 가리키는 말이 아니라, 신앙을 지키며 하나님과의 화평을 지키는 연단, 즉 예수 그리스도의 십자가를 체험하는 것을 의미합니다. 인내하지 못하는 자는 이런 연단을 이룰 수 없습니다.

하나님이 이런 연단을 주실 때에는 각 개인에게나 교회에게나 매일 매 순간 하나님과의 화평을 구하며 울부짖을 수밖에 없는 수많은 시험과 불안, 두려움이 찾아옵니다. 이런 연단의 때에 우리는 지옥 깊은 곳으로, 사망의 문턱으로, 죄의 심연으로, 불신의 밤으로 끝려 들어가는 것과 같을 것입니다. 그러나 이 시련의 순간에도 하나님은 결코 그분의 화평을 우리에게서 빼앗아 가지 않으시며, 이 고통의 순간에 우리는 날마다 더욱 하나님의 능력과 승리, 그리스도께서 십자가에서 완성하신 화평을 경험하게 됩니다.

그러므로 연단은 소망을 이루게 됩니다. 왜냐하면 거센 파도를 하나하나 극복해 나가다 보면, 어느새 소망의 땅 가까이 이르게 되듯이, 주어진 시련을 하나씩 견디고 극복하는 것 자체가 이미 마지막 승리의 전주곡이기 때문입니다. 그러므로 소망은 연단과 함께 자라는 것이며, 환난을 통한 연단 속에서 우리는 이미 영원한 영광이 도래하고 있음을 예감하게 되는 것입니다.

"소망이 우리를 부끄럽게 하지 아니함은…." 소망이 있는 곳에 패배란 있을 수 없습니다. 온갖 종류의 연약함에 싸여 수없이 절규하고 신음하며 두려움 속에서 부르짖을지라도, 승리는 이미 우리에게 붙잡힌 바 되었습니다. 이것이 고난당하는 교회가 가진 비밀이며, 그리스도인의 삶에 나타나는 고난의 비밀입니다. '모든 소망이 사라져 버리고 말았다!'는 문패가 붙은 고난과 상실, 죽음의 문이 놀랍게도 우리를 하나님께로 인도하는 위대한 소망의 문이며, 존귀와 영광으로 인도하는 문이기 때문입니다.

"소망이 우리를 부끄럽게 하지 아니함은…." 우리 교회 안에, 우리 교회를 살리는 하나님을 향한 이 위대한 소망이 있습니까? 그러면 승리는 우리의 것입니다. 더 이상 이런 소망이 없습니까? 그러면 모든 수고가 헛될 뿐입니다.

"이는 환난은 인내를, 인내는 연단을, 연단은 소망을 이루는 줄 앎이로다 소망이 우리를 부끄럽게 하지 아니함은…." 이 말씀은 오직 예수 그리스도 안에서 하나님과 화평을 누릴 뿐 아니라, 그 화평을 지켜 나가는 사람에게 해당하는 말씀입니다.

이런 사람들에게는 이제 "우리에게 주신 성령으로 말미암아 하나님의 사랑이 우리 마음에 부은 바 됨이니"라는 말씀이 그대로 적용됩니다. 이 말씀은 하나님의 사랑을 입은 사람, 그래서 오직 하나님만을 사랑하는 사람, 이 세상 모든 것 위에 하나님을 사랑하는 사람, 그 사람이 고백할 수 있는 말씀입니다.

환난에서 소망으로 가는 계단은 결코 이 세상에서 한 계단 한 계단 자연스럽게 올라갈 수 있는 그런 계단이 아닙니다. 그래서 마르틴 루터는 이 말씀이 우리를 정반대 방향으로 인도할 수도 있다는 사실을 이렇게 경고하고 있습니다. "환난은 초조함을, 초조함은 완고함을, 완고함은 절망을, 절망은 우리로 완전한 수치를 당케 하나니…." 그렇습니다. 우리가 하나님과의 화평을 잃어버리게 되면, 우리가 하나님과의 화평보다 세상적인 평화를 더 사랑한다면, 우리가 하나님보다 우리 삶의 안전을 더 사랑한다면, 환난의 결국에 이르러 우리는 수치를 당하며 파멸에 이르게 될 것입니다.

그러나 하나님의 사랑이 우리 마음에 부은 바 되었습니다. 성령으로 말미암아 하나님의 사랑이 그 마음에 부어진 사람에게는 이성으로는 이해할 수 없는 일이 일어납니다. 그는 세상의 재물이나 선물 때문이 아니라, 하나님을 하나님 자체로 사랑하기 시작합니다. 선물로 주어진 화평 때문이 아니라, 진실로 하나님 자체를 사랑하기 시작합니다. 예수 그리스도의 십자가 안에서 하나님의 사랑을 받은 사람은 예수 그리스도로 인해 하나님을 사랑하기 시작합니다. 성령으로 말미암아 하나님의 사랑이 그 마음에 부어진 사람에게는, 하나님의 사랑에 영원히 참예하는 것보다 더 사모하는 것이란 없습니다.

그 사람은 하나님의 사랑으로 말미암아 예수 그리스도의 온 교회와 더불어 이렇게 고백하게 됩니다. "우리는 하나님과 화평을 누립니다. 우리는 환난 중에서도 즐거워합니다. 하나님의 사랑이 우리 마음에 부은 바 되었습니다. 아멘."

원문 출처

이 책에 실린 열두 편의 설교는 디트리히 본회퍼 전집 가운데 아직 국내에 역간되지 않은 10권에서 15권에 실린 설교들로서, DBW는 Dietrich Bonhoeffer Werke의 약자입니다. 디트리히 본회퍼 전집은 카이저/귀터스로허 출판사(Chr. Kaiser/Gütersloher Verlagshaus)에서 총 16권으로 출간되었습니다.

1. 1928년 4월 8일, 스페인 바르셀로나, Dietrich Bonhoeffer Werke 10. *Barcelona, Berlin, Amerika 1928-1931*. Hrsg. von Reinhart Staats und Hans Christoph von Hase in Zusammenarbeit mit Holger Roggelin und Matthias Wünsche. 1991. 『바르셀로나, 베를린, 아메리카(1928-1931)』, pp. 461-466.

2. 1928년 7월 15일, 바르셀로나, DBW 10, pp. 479-485.

3. 1928년 8월 12일, 바르셀로나, DBW 10, pp. 493-498.

4. 1928년 8월 26일, 바르셀로나, DBW 10, pp. 499-504.

5. 1928년 12월 2일, 바르셀로나, DBW 10, pp. 529-533.

6. 1930년 7월 20일, 텔토우, 2차 신학 고시 설교, DBW 10, pp. 568-575.

7. 1930년 11월 9일, 미국 뉴욕, 미국인 교회에서 영어로 전했던 주일 말씀을 본회

퍼 전집을 내며 독일어로 번역했음, DBW 10, pp. 499-504.

8. 1932년 5월 29일, 베를린, Dietrich Bonhoeffer Werke 11. *Ökumene, Universität, Pfarramt 1931-1932*. Hrsg. von Eberhard Amelung und Christoph Strohm. 1994. 『교회 연합, 대학, 목사직(1931-1932)』, pp. 426-435.

9. 1932년 11월 6일 종교개혁 기념 주일, 베를린, Dietrich Bonhoeffer Werke 12. *Berlin 1932-1933*. Hrsg. von Carsten Nicolaisen, Ernst-Albert Scharffenorth, 2001. 『베를린(1932-1933)』, pp. 423-431.

10. 1935년 11월 7일, 핑켄발데(1935-1939), Dietrich Bonhoeffer Werke 14. *Illegale Theologenausbildung: Finkenwalde 1935-1937.* Hrsg. von Jörgen Glenthöj, Dirk Schulz und Ilse Tödt. 1996. 『불법 신학교: 핑켄발데(1935-1937)』, pp. 905-911.

11. 1938년 1월 23일, 그로스 쉬뢴빗츠, Dietrich Bonhoeffer Werke 15. *Illegale Theologenausbildung: Sammelvikariate 1937-1940.* Hrsg. von Dirk Schulz. 1998. 『불법 신학교: 부목사직(1937-1940)』, pp. 463-470.

12. 1938년 3월 9일, 그로스 쉬뢴빗츠, DBW 15, pp. 470-476.

엮은이: 정현숙

경북대학교에서 독어독문학을 전공했으며 현재 독일에서 거주 중이다. 청소년들에게 좋은 책을 소개하고 싶다는 소망으로 번역을 시작했다. 번역서로는 그리스도인의 삶을 동화로 재현한 『왕의 마음』(국제제자훈련원), 디트리히 본회퍼의 '행동하는 신앙 시리즈' 『이 땅에서 그리스도인으로 설 수 있을까?』, 『타인을 위한 그리스도인으로 살 수 있을까?』(좋은씨앗), 디트리히 본회퍼와 약혼녀 마리아 폰 베데마이어가 주고받은 편지 모음집 『옥중연서』(복있는사람) 등이 있다. 이메일 주소는 giljohanna@yahoo.de이다.

행동하는 신앙 시리즈 1

디트리히 본회퍼
이 땅에서 그리스도인으로 설 수 있을까?

초판 1쇄 발행 2012년 12월 1일
초판 5쇄 발행 2020년 5월 29일

지은이 디트리히 본회퍼
엮은이 정현숙
펴낸이 신은철

펴낸곳 도서출판 좋은씨앗
1999년 12월 21일 등록 제4-385호

주소 서울시 서초구 바우뫼로 156, 402호
전화 02)2057-3041(영업) 팩스 02) 2057-3042

ISBN 978-89-5874-198-5 03230